Andreas Drouve

Geheimnisse am Jakobsweg

Für meine kleinen Töchter Ana und Sonia in Erinnerung an ihre interessierten Besuche am Schreibtisch. Ohne ihre freundliche Anteilnahme wäre das Buch früher beendet worden.

Mitglied der Verlagsgruppe „engagement"

Bibliografische Information Der Deutschen Bibliothek
Die Deutsche Bibliothek verzeichnet diese Publikation in der Deutschen Nationalbibliografie; detaillierte bibliografische Daten sind im Internet über http://dnb.ddb.de abrufbar.

3. Auflage 2004

Umschlaggestaltung: unisono Werbeagentur, Innsbruck
Titelbild: Klaus Gasperi, Innsbruck
Fotos: Andreas Drouve, Cristina Doria-Drouve
Layout und digitale Gestaltung: Tyrolia-Verlag
Lithographie: Laserpoint, Innsbruck
Druck und Bindung: Athesia-Tyrolia Druck, Innsbruck
ISBN 3-7022-2504-8
E-Mail: buchverlag@tyrolia.at
www.tyrolia.at

Andreas Drouve

Geheimnisse AM JAKOBSWEG

Wundersame Legenden und mysteriöse Geschichten

Tyrolia-Verlag · Innsbruck-Wien

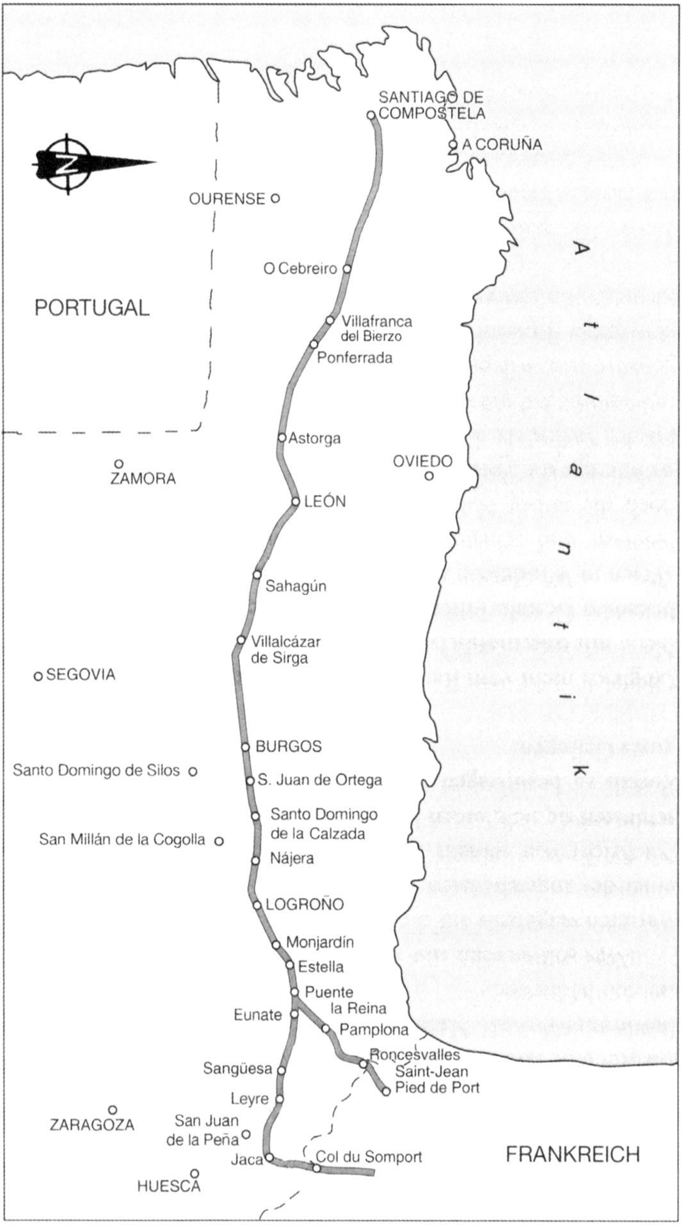
SANTIAGO DE
COMPOSTELA
A CORUÑA
OURENSE
O Cebreiro
PORTUGAL
Villafranca
del Bierzo
Ponferrada
Astorga
OVIEDO
ZAMORA
LEÓN
A t l a n t i k
Sahagún
Villalcázar
de Sirga
SEGOVIA
BURGOS
Santo Domingo de Silos
S. Juan de Ortega
Santo Domingo
de la Calzada
San Millán de la Cogolla
Nájera
LOGROÑO
Monjardín
Estella
Puente
la Reina
Eunate
Pamplona
Roncesvalles
Saint-Jean
Pied de Port
Sangüesa
Leyre
ZARAGOZA
San Juan
de la Peña
Jaca
Col du Somport
FRANKREICH
HUESCA

Vorwort

Ein gebratener Hahn, der kräht und wegfliegt ...? Eine monströse Schlange, die einen Mondstein aus ihrem Leib herauswürgt, der dann zum Bau eines Kirchenportals dient ...? Ein Abt, der dem Gesang der Nachtigall lauscht und erst ein paar hundert Jahre später ins Kloster zurückkehrt ...? Wein, der sich in Blut verwandelt und über den Rand des Kelches schäumt ...?

Spaniens Jakobsweg öffnet sich als Schatztruhe mysteriöser Geschichten und Legenden, die Pilger seit frühester Zeit fasziniert und nach Santiago de Compostela begleitet haben. Ein Geflecht aus geheimnisvollen Stoffen voller Blut und Rache, Tod und Teufel, Hexen und Bildnisfunden, *sex-and-crime* aus dem Mittelalter. Räuberpistolen und Krimithemen wechseln sich mit Visionen und Heiligenwundern ab, angereichert mit einem Schuss Moral und einer gehörigen Prise Glaubenskraft, durchsetzt von gespenstischen Elementen und Stimmungen.

Der Apostel auf dem letzten Weg zu seiner Ruhestätte. Nach Ankunft des „Engelsschiffes" im heutigen Padrón brachte man seinen Leichnam auf einem Ochsenkarren nach Santiago.

Legenden erlauben keine Fragen. Sie sind einfach „wahr". Sie dürfen alles. Sie stimmen zu allen Zeiten und in allen Versionen. Erwachsen aus Volkes Mund, gezielt verbreitet von Kirchen- und weltlichen Fürsten, Traum- und Fantasiegebilde von Hirten und Einsiedlern. In den Ketten der Weiter- und Neuerzähler hat jeder neue Bilder entrollt, eigene Versionen entworfen und detailreich ausgeschmückt.

Ob all die Geschichten und Legenden historisch hieb- und stichfest sind, bleibt ebenso irrelevant wie die Suche nach Logik und wissenschaftlich fundiertem Unterbau. Die meisten unter uns werden weder die Spezies des flugtauglichen Brathendels noch eine Schlange kennen, die Mondsteine speit. Und doch sind all die geheimnisvollen Storys am Jakobsweg anders als andernorts. Sie schweben nicht im luftleeren Raum, sondern nehmen konkrete Schauplätze ein. Besucher von heute stoßen zu nachvollziehbaren Stätten vor. Spuren werden sicht- und Zeugnisse fassbar.

Auf dem langen Weg von den Pyrenäen bis zum Sehnsuchtsziel von Santiago rufen Bauwerke und Kuriositäten die sagenumwobenen Sujets ins Gedächtnis. Ob ein ganzes Kloster, ein Reliquienschrein, ein moosüberzogenes Heiligenrelief im Wald, der „Gralskelch" vom Cebreiro. Oder, im Fall des Hühnermirakels von Santo Domingo de la Calzada, ein Käfig mit leibhaftigem Federvieh in der Kathedrale ...

Ohne die Kenntnis der legendären Stoffe, ohne die Hintergründe der geheimnisumwitterten Stellen bleibt das Erleben des Jakobswegs vordergründig. Religiöse Faszination und rauschende Unternehmungslust im Mittelalter erscheinen in neuem Licht. Glaube paart sich mit Aberglaube. Spirituelle Dimensionen verzahnen sich mit historischer Realität.

Camino de Santiago – eine magische Achse. Legenden und Geschichten bringen die stummen Monumente an Europas bedeutendstem Pilgerweg zum Sprechen.

Andreas Drouve

Ursprung des Jakobskultes in Spanien

Wir schreiben Anfang des 9. Jahrhunderts. Schauplatz: ein gottverlassener grüner Hügel in Spaniens Nordwesten. Mysteriöse Lichter weisen Einsiedler Pelayo den Weg zu einem Grab aus römischen Zeiten, das man als letzte Ruhestätte eines Heiligen identifiziert: des Apostels Jakobus des Älteren, *Santiago el Mayor*. Ein Wunder!

Der Bischof bezeugt den Fund, das asturisch-leonesische Königshaus posaunt die Nachricht ins Abendland hinaus. Wie ein Lauffeuer verbreitet sich die Kunde unter den Christen, die in steter Angst vor den morgenländischen Streitern leben. Ebenso wie in Spanien selber, wo die Muselmanen seit mehr als einem Jahrhundert ihre Fremdherrschaft zementiert und als Gegenwehr allenfalls laue Lüftchen gespürt haben. Mit dem Grabfund des Jakobus bekommt die *Reconquista*, die Rückeroberung des Landes, plötzlich Rückenwind. In der sagenumwobenen Schlacht von Clavijo erscheint der Heilige den Heeren hoch zu Pferde als anspornender *matamoros*, als „Maurentöter". Das Eingreifen Santiagos verleiht den Christen Flügel. Sie landen einen ersten wichtigen Sieg und beenden den *Tributo de las Cien Doncellas*, den von den Mauren alljährlich eingeforderten „Tribut der hundert Jungfrauen".
Ein vergessenes Grab in Galicien?
Wundersame Entdeckungen eines Eremiten?
Ein Heiliger als gnadenloser Schlächter?

Wo fließt die Grenze zwischen Legende und Wirklichkeit? Selbst die für Mitte des 9. Jahrhunderts angesetzte Schlacht von Clavijo habe niemals stattgefunden, behaupten Historiker, und war ein gleichermaßen gezieltes macht- und kirchenpolitisches Konstrukt wie die Propaganda des Jakobusgrabes selbst. Ob „wahrer Jakob" oder nicht, steht hier nicht zur Debatte. Ebenso wenig die Frage, ob die sterbliche Hülle des Apostels wahrhaftig von einem „Engelsschiff" nach Galicien gebracht wurde.

Gesicherte Quellen? Verbürgte Zeugen? Fehlanzeige. Maßgeblich war der Glaube, der fortan Berge versetzte und die Wallfahrten nach Santiago de Compostela aufblühen ließ. Hochoffiziell erhoben die

Spanier den heiligen Jakobus zum Schutzpatron der *Reconquista*, riesige Pilgerscharen begaben sich auf den Weg. Einzig übertroffen von Rom und Jerusalem, stieg Santiago im Laufe des Mittelalters zum drittwichtigsten Wallfahrtsziel der Christenheit auf. Kühnste Thesen gehen davon aus, dass zu Zeiten der höchsten Blüte jährlich bis zu 500.000 Pilger in Santiago eingetroffen sein könnten.

Ein Engelsschiff nach Galicien

Folgt man der Apostelgeschichte (12, 2), erfahren wir, welch blutigen Ausgang des Heiligen irdisches Leben nahm: „Jakobus, den Bruder des Johannes, ließ er mit dem Schwert hinrichten." Befehlsgeber war König Herodes Agrippa I., man notierte das Jahr 44.
Die Jünger des Jakobus brachten den Leichnam auf ein „Engelsschiff", landeten im Nordwesten der Iberischen Halbinsel in Iria Flavia, schafften den Leib ein Stück landeinwärts und begruben ihn an der Stelle des heutigen Santiago de Compostela (siehe Legende „Die lange Reise des Jakobus"). Dass der Apostel zuvor jemals spanischen Boden betreten und dort das Wort Gottes verkündet hat, ist ebenso wenig belegbar wie seine Rückkehr als Toter. Die Krypta mit seinem Reliquienschrein liegt unter dem Hochaltar der Kathedrale von Santiago. Als Tag des Heiligen und spanischen Schutzpatrons feiert man den 25. Juli. Fällt dieser auf einen Sonntag, so wie im Jahr 2004, steht ein Año Santo an, ein Heiliges Jahr. Während des letzten Heiligen Jahres verzeichnete Santiago de Compostela einen Rekordbesuch in Höhe von zehn Millionen Menschen.

Ein Spruch besagt: Es gibt so viele Wege nach Santiago, wie es Pilger gibt. Begreift man den Weg als Metapher des irdischen Daseins, trifft dies natürlich zu. Im geografischen Gesamtganzen hingegen wurden die Ströme der Wallfahrer im Osten der Iberischen Halbinsel kanalisiert und passierten in zwei Hauptachsen die Kette der Pyrenäen: über den Pass von Ibañeta („Französischer Weg") und über den weitaus höheren und beschwerlicheren Pass von Somport („Aragonesischer Weg"). Beide Strecken verbinden sich unverändert in Puente la Reina,

Sehnsuchtsziel Santiago –
aus ganz Europa machten sich die Wallfahrer auf den Weg.

einem Städtchen südwestlich von Pamplona. Der Codex Calixtinus, der bis heute berühmteste Pilgerführer, benennt Mitte des 12. Jahrhunderts beide Wegvarianten und ihren Zusammenfluss.

Am *Camino de Santiago* entstanden Klöster und Kirchen, Kapellen und Einsiedeleien, Krankenstätten und Herbergen, Brücken und Burgen, komplett neue Ortschaften – willkommene Schutzschilde, um Spaniens Norden besser vor möglichen Einfällen der gen Süden gedrängten Sarazenen zu sichern. Neusiedler wurden mit steuerlichen Sonderrechten gelockt, Orden wie die mächtigen Templer mit dem Schutz der Pilger beauftragt.

Der Weg brachte Regionen wie Navarra und der Rioja Wohlstand, doch er war gefährlich. Wetterwechsel und Wegelagerer in den Bergen, sommerliche Höllenglut in der Meseta, Krankheit, Kräfteverfall,

Tod. Am Weg lagen mehrere Gebeinhäuser für verstorbene Pilger. Wer glaubte, es nicht mehr zu schaffen, fand in León und Villafranca del Bierzo zwei Kirchenpforten, die der spanische Papst Kalixt III. im späten Mittelalter zu *puertas del perdón* erhob, Ablassportalen.

Traf man wohlbehalten in der Apostelstadt ein, gab es ab dem 15. Jahrhundert die „Compostelana"-Urkunde. Eine Tradition, die sich bis heute, wenig abgewandelt, erhalten hat. Das persönliche Schriftstück bekommen zumindest jene, die die letzten hundert Kilometer bis Santiago zu Fuß zurückgelegt haben – und es anhand von Pilgerstempeln beweisen können. In Santiagos Zentralbüro nimmt man es peinlich genau ...

Auf dem Jakobsweg zog ein vereinigtes Europa voran, zu Fuß oder zu Pferde. Eine große Völkergemeinschaft aus Deutschen und Österreichern, aus Franzosen, Italienern, Griechen und vielen mehr. Ob Adelige oder Bischöfe, Künstler oder Könige. Oder einfache Menschen, die den rituellen Weg der Läuterung unter die Sohlen nahmen und sich in neue Menschen verwandelten. Von daheim brachten sie Empfehlungsschreiben der Pfarre oder des Bischofs mit.

Nicht jeder war freiwillig unterwegs. Manchen wurde die Bußpilgerfahrt als Strafe auferlegt – in eisernen Ketten! Andere folgten weltlichen Motiven, nahmen die Reise nach Compostela als Vorwand, der Not in der Heimat zu entfliehen. Endlich raus aus der Enge, endlich reisen, andere Horizonte entdecken! Gen Santiago und dem Kap Finisterre entgegen, Galiciens „Ende der Welt"! Es war gleichwohl ein Weg ins Ungewisse, der Monate, mitunter Jahre, dauern konnte. Berichte von Landschaften, Strapazen und fremder Kultur kannte man daheim allenfalls vom Hörensagen.

Sprachbarrieren überbrückte man mit dem besten kulturverbindenden Element: Musik. „Die Wallfahrten waren eine unerschöpfliche Quelle musikalischer Inspiration und hatten grundsätzlichen Einfluss auf die Entwicklung des religiösen Gesangs, der spontan entstand", heißt es im Pilgermuseum von Santiago de Compostela. In Klöstern und Kirchen verehrte man gemeinsam singend Jesus Christus und die Jungfrau Maria, griff unterwegs gelegentlich zur Flöte.

Ultreja, ultreja – immer weiter, voran!

Auf der Suche nach einem neuen Leben blieben viele am Wege hängen. Händler und Handwerker waren stets gefragt, auch Spielleute machten ihr Geschäft. Mit all den Fremden kamen neue Kunsteinflüsse ins Land, neue Geschichten und Legenden ...

Der Jakobsweg von heute ist ein internationales Sammelbecken geblieben und von der UNESCO zum Weltkulturerbe erhoben worden. Dank moderner PR-Strategien sowie der Infrastruktur mit Pilgerherbergen und markierten Strecken brechen jährlich Hunderttausende ins große Abenteuer des Mittelalters auf. Nicht mitgezählt die Heerscharen an Motorisierten. Symbol aller ist die *vieira*, die Jakobsmuschel, ein Zeichen des Lebens.

Nicht jeder Wallfahrer geht den Weg im dritten Jahrtausend aus religiösen Motiven an. Auf seinen 800 Kilometern deckt der nordspanische *Camino* die Bedürfnisse von Sportsfreunden und Bildungstouristen ebenso ab wie die Selbstfindungsgründe jener, die den kurzatmigen Hochstressgesellschaften eine Zeit lang entfliehen. Ein Leitsatz vereint sie alle: Der Weg ist das Ziel. Gestern wie heute.

Heiligenviten aus dem Mittelalter

Das Schicksal des Apostels Jakobus taucht in der berühmten „Legenda aurea" auf, einer im Mittelalter weit verbreiteten Sammlung von Legenden über die Heiligen des Kirchenjahres. Verfasser war Jacobus de Voragine (um 1230-1298), ein aus dem heutigen Norditalien stammender Dominikaner, der gegen Ende seines Lebens zum Erzbischof von Genua ernannt wurde. An der „Legenda aurea" arbeitete er von 1263 bis 1273 und fasste Material aus unzähligen Quellen zusammen. Allerdings knüpfte er die Heiligenviten nicht an strikt historisch belegbare Geschehnisse, sondern bündelte in ihnen christliche Erzählungen aus über einem Jahrtausend.

Heute liegt die „Legenda aurea" des Jacobus de Voragine in drei empfehlenswerten Bänden vor. Für die Manesse Bibliothek der Weltliteratur hat Jacques Laager eine umfangreiche Auswahl getroffen, die mit farbigen Miniaturen aufgelockert ist (Manesse, Zürich). Eine kompaktere Auswahl bietet Rainer Nickel in der Reclam Universal-Bibliothek, wobei der deutsche neben dem lateinischen Text steht; die Legende um Jakobus den Älteren beschränkt sich hier auf zwei Pilgerepisoden um einen silbernen Becher und einen unkeuschen Jüngling (Reclam, Stuttgart). Die umfangreichste Ausgabe hat Richard Benz im Gütersloher Verlagshaus herausgegeben. Alle Bücher bieten aufschlussreiche Nachworte zu Autor und Werk.

Glossar

Camino – Weg
Camino de Santiago – Jakobsweg
Capilla – Kapelle
Castillo – Kastell
Catedral – Kathedrale
Colegiata – Stiftskirche
Cruz – Kreuz
Ermita – Einsiedelei
Iglesia – Kirche
Monasterio – Kloster
Monte – Berg
Peregrino – Pilger
Puente – Brücke
Río – Fluss
Santuario – Heiligtum
Sierra – Gebirge
Valle – Tal
Vieira – Jakobsmuschel

Das Gelübde des Voto

Zu jenen Zeiten, da die Christen vor der maurischen Feindesmacht in sichere Gebiete flohen, half ein Brüderpaar namens Voto und Félix beim Aufbau einer versteckten Stadt auf dem Monte Pano mit. Hier, in den abgeschiedenen Bergwelten Aragoniens, kamen versprengte Flüchtlingsfamilien und Krieger zusammen. Man umgab die Siedlung mit starken Mauern, versammelte sich und beriet Strategien geplanter Gegenangriffe. Doch die sarazenischen Feinde kamen ihnen zuvor. Sie hatten die Spuren der Christen aufgespürt, legten den Ort in Schutt und Asche und machten bei ihrem Gemetzel weder vor Kindern Halt noch vor Alten. Wie durch ein Wunder überlebten einzig die Brüder Voto und Félix das Massaker vom Monte Pano.

„Bei Gott dem Herrn", gelobte Voto, „ich werde den Grundstein legen für ein neues christliches Reich."

Félix und Voto beschafften sich zwei Pferde und suchten im Gebirge den Schutz der Wälder. Hier wollten sie neue Pläne schmieden. Sie bauten sich wechselnde Unterstände und lebten von Beeren und frisch geschossenem Fleisch.

Eines Morgens brach Voto allein zur Jagd auf. Das Glück schien ihm wohl gesonnen, denn bald erblickte er ein prächtiges Reh, das er durch dichten Forst und Morast verfolgte. Voto, ein junger Heißsporn, vergaß Zeit und Umsicht und entfernte sich weit vom Lager. Als er sich seiner Beute sicher war, trieb er sein Pferd in wildem Galopp voran und hatte kaum Zeit zu reagieren.

„*San Juan Bautista*, steh mir bei!", schrie Voto, den sicheren Tod vor Augen. Geradewegs vor ihm klaffte ein Abgrund, in den das Reh voller Panik hineingestürzt zu sein schien. Voto, krampfhaft an die Mähne des Pferdes geklammert, riss es im letzten Augenblick herum. Unter den Hufen bröckelten Steine in die Schlucht hinab und schlugen auf den nackten Fels. Voto stieg zitternd ab und dankte Gott und *San Juan Bautista*, dem heiligen Johannes dem Täufer, für die Rettung in höchster Not.

Nach einer Weile beruhigte er sich. Er ließ das Pferd zurück und ging behutsam an den felsigen Schlund heran, der ihm jetzt weit weniger bedrohlich erschien. Zwischen den Felsbuckeln wuchsen Gräser und Büsche, denen aromatische Düfte entstiegen. Auf der Suche nach dem Reh suchten seine Augen das Gelände ab, doch es war wie vom Erdboden verschluckt. Auf einmal blieben seine Augen an einer kleinen Schneise hängen, die steil durch das Grün in den Talgrund verlief.

„Ein überwucherter Pfad?", fragte sich Voto. Seine Neugier siegte über die Vorsicht. Er kletterte abwärts und nahm die Spur des Wegleins auf, das ihn an Ast- und Strauchwerk vorbei bis an einen gewaltigen Felsüberhang hinabtrug. Im hintersten Winkel des Felsgebildes, so schien ihm, hob sich ein Bauwerk aus aufgeschichteten Steinen ab. Er vermutete einen längst verlassenen Hirtenplatz. Als er näher kam, erwuchsen aus den diffusen Konturen die Umrisse einer Einsiedelei. Im Eingangsbogen fehlte die Tür. Ins Innere floss spärliches Licht. Er trat ein und erschrak. Auf einem Lager am Boden lag der unversehrte Leichnam eines Mannes. Sein Kopf ruhte, einem Kissen gleich, auf einem Stein. Er war in zerlumpte Tücher aus grober Wolle gehüllt, trug friedliche Züge im Gesicht und hielt mit beiden Händen ein Kreuz fest an die Brust gepresst. Votos Blick fiel auf eine Inschrift, die da lautete: „Ich, Juan, habe diese Einsiedelei zu Ehren Gottes und des *San Juan Bautista* gebaut und viele Jahre hier gelebt. Nun ruhe ich in Frieden. Amen." Für Voto bestand nicht der geringste Zweifel: Vor ihm lagen die sterblichen Überreste des Juan de Atarés. Schon seine Vorväter hatten von jenem Eremiten berichtet, der der Welt entsagt und sein Leben an einem verborgenen Platz in den Dienst Gottes gestellt hatte.

Voto war ergriffen. Sein Entschluss stand fest. Als er zu seinem Bruder zurückkehrte, zögerte auch dieser keinen Augenblick. Voto und Félix traten die Nachfolge des Juan de Atarés an. Im Schutze des Felsgewölbes gründeten sie das Kloster San Juan de la Peña und legten einen Weg in das tiefer liegende Tal an, der Pilgern den Zugang erleichterte. Fortan fanden sich Christen von nah und fern im *Monasterio* ein, dem eine magische Kraft anzuhaften schien. In San Juan de la Peña erbaten viele Gläubige den Beistand Gottes für die bevorstehenden Schlachten gegen die Mauren. Lang anhaltende Kämpfe führten schließlich zum Sieg des Kreuzes über den Islam und brachten ein neues Königreich hervor: Aragonien. So erfüllte sich das Gelübde des Voto.

Monasterio de San Juan de la Peña

Inmitten einer fantastischen Naturkulisse liegt Aragoniens berühmtestes Kloster – spektakulär im Schatten eines Felsüberhangs.

Geschichte und Gegenwart: Umgeben von Gebirgseinsamkeit und Naturidylle geht Aragoniens berühmtestes Kloster auf das 10./11. Jahrhundert zurück. Folgt man der Legende, datieren die Ursprünge aus

noch früherer Zeit. Geblieben ist die spektakuläre Lage im Schatten des Felsüberhangs, unter dem sich ein offener Kreuzgang mit interessanten Säulenkapitellen ausbreitet. San Juan de la Peña war Grablege zahlreicher Adeliger sowie aragonesischer Könige, was seine Bedeutung als christlich-politisches Zentrum unterstrich. Während der mittelalterlichen Blüte sollen über 60 Klöster von San Juan de la Peña abhängig gewesen sein. Das einstige *Monasterio* wurde zum Nationaldenkmal erklärt.
Öffnungszeiten: Stark wechselnde Zugangszeiten des Klosters, im Sommer im Regelfall täglich, ansonsten Montag Schließtag. Es ist empfehlenswert, sich vor dem Besuch im Fremdenverkehrsamt von Jaca nach den Öffnungszeiten zu erkundigen.
Lage und Anfahrt: Rund 25 km südwestlich von Jaca, ab der Nationalstraße N-240 ausgeschilderter Abzweig. Auf dem letzten Teilstück windet sich das Sträßchen bergauf bis ans Felsenkloster heran.
Besondere Tipps: Spuren von Voto und Félix führen in die Kathedrale im nahen Jaca. Unterhalb des Hauptaltars verehrt man ihre Reliquien in einem silbernen Schrein. Der romanischen Kathedrale ist überdies ein sehenswertes Diözesanmuseum angeschlossen.

In einem kleinen Tunnel nahe der Krypta des Monasterios Leyre erinnert eine Skulptur an das Schicksal von Abt Virila (s. Seite 23).

Abt Virila und der Gesang der Nachtigall

Virila war ein weiser Abt, der in ferner Zeit die Geschicke des einsamen Klosters San Salvador de Leyre lenkte. In seinen freien Stunden spazierte er durch die nahen Wälder und tief hinein in die Bergwelt der Sierra de Leyre. Mit steigendem Alter und seiner baldigen Aufnahme ins Himmelreich bewusst, begannen seine Gedanken bei solcherlei Märschen um das Mysterium der Ewigkeit zu kreisen.

„Wie mag sie sein, diese endlose Spirale aus Tagen, Wochen und Jahren?", fragte sich der Abt ein ums andere Mal. Würde der Strom der Zeit wirklich niemals versiegen?

Eines Tages im Frühjahr suchte Virila wieder einmal die Stille des Forstes. In tiefe Einkehr versunken, gab er seinen Zweifeln neue Nahrung.

„Ob alle Heiligen in ihrem ewigen Leben Gott wirklich unablässig rühmen und preisen?", grübelte er. „Mag selbst den Frömmsten keine Langeweile überkommen mit der Zeit?"

Plötzlich horchte Virila auf und hielt inne. Auf dem Ast einer Eiche tirilierte eine Nachtigall. Ein Zirpen und Zwitschern erfüllte die Luft, wie er es lieblicher nie vernommen hatte. Er blickte dem Vogel nach, der durch das Geäst und von Baum zu Baum hüpfte und weiter ins Gebirge vordrang. Virila, wie von unsichtbarer Hand gelenkt, kam nicht umhin, ihm zu folgen.

In der Nähe einer Quelle ließ sich die Nachtigall hoch oben auf einem Zweig nieder und flötete in einem fort. Gestützt auf seinen Stab, folgte der alte Abt nach und setzte sich auf einen Stein, um etwas auszuruhen. Verzaubert von den herrlichsten Melodien, fühlte er sogleich, wie Müdigkeit in ihm aufstieg und seinen ganzen Körper wohlig durchfuhr. Seine Glieder gehorchten ihm nicht mehr, seine Lider fielen zu. Unter dem Gesang der Nachtigall sank Virila in Schlaf ...

Die Sonne stand tief, als Virila erwachte. Ihn fröstelte. Er schaute sich um und entdeckte die leise plätschernde Quelle wieder. Ungeordnet flossen seine Gedanken.

„Wo bin ich, warum ist es so spät geworden? Und wo ist mein Ring?“ fragte er leise und erhob sich. „Habe ich mich verlaufen und die *Sext* oder gar die *Non* verpasst?“ Er nahm seinen Stab, schob die Äste und stachligen Ranken beiseite und bahnte sich mühsam den Weg durch den Wald, beseelt vom Gedanken, wenigstens pünktlich zur Vesper ins Kloster zu kommen.

Endlich, ja endlich, tauchte das Kloster San Salvador de Leyre in der Ferne auf!

Wie immer lag es auf einem kleinen Plateau zwischen Berg und Tal, aber ...

Aber was sah er da nur ...? Träumte er ...? War es möglich, dass sich seine kleine Kirche in ein stattliches Gotteshaus mit großem Turm verwandelt hatte? Das starke Mauerwerk aus Quadern, war es nicht halb so hoch gewesen? Welche Macht hatte ihre Finger im Spiel ...? Sichtlich verwirrt, stürmte der Abt zum Portal und klopfte atemlos an. Wie immer würde ihm der gute alte Jimeno öffnen und alles erklären können ...

„Wer dort?“, fragte eine fremde, sonore Stimme aus dem Innern.

„Gott segne Euch. Ich bin es, Abt Virila, so sperrt mir doch auf, was ist nur geschehen?“ Schwerfällig ging die Pforte auf, ein unbekannter Mönch in einem weißen Habit stand Virila gegenüber.

„Was wünscht Ihr, Padre? Aber kommt erst einmal hinein, Ihr seht müde aus“, sagte der Mann. Virila trat ein. Stotternd gewann er die Sprache wieder.

„Aber ... was ... ich bin Euer Abt!“

Der Ordensbruder lächelte verständnisvoll. „Sicher habt Ihr Euch bei Eurer langen Wanderschaft im Wege geirrt, Padre. Unser Abt ist Don Domingo, und das schon seit mehr als zwanzig

„Wo bin ich, warum ist es so spät geworden?" – An der verträumten Virila-Quelle unweit vom Kloster Leyre empfängt der schlafende Abt seine Besucher.

Jahren. Aber, bitte, tretet näher, kommt herein und fühlt Euch in San Salvador de Leyre wie daheim. Sagt, welchem Kloster gehört Ihr an?"

Ungläubig schüttelte Virila den Kopf. „Nein, das ist nicht möglich, erst heute bin ich hinaus in die Berge gegangen", sagte er und deutete mit seinem Stab in jene Richtung. „Plötzlich war eine Nachtigall da, jetzt alles ist wie verzaubert, die Kirche, die Mauern, die Bögen. Ich flehe Euch an, bringt mich so schnell Ihr könnt zu Don Domingo."

„Bitte, wartet hier, Padre“, sagte der Mönch und hastete hinfort.

„Virila, Virila“, murmelte Don Domingo, nachdem ihn der Mönch von dem merkwürdigen Besucher unterrichtet hatte. „Der Name kommt mir bekannt vor. Geht mit den anderen zu ihm, ich komme gleich nach.“ Unter den Mönchen breitete sich die Kunde von dem seltsamen Gast wie ein Lauffeuer aus. Während sie sich zu Virila in die Vorhalle aufmachten, eilte Don Domingo in die Bibliothek und wurde im Archiv des Klosters fündig.

Aufgewühlt stürzte der Abt zu den andern. „Bei Gott, hier steht es! Don Virila, stammt Ihr aus Tiermas, stimmt das?“ Virila nickte.

„Don Virila, gebürtig aus Tiermas, ein Abt aus der Zeit der Könige Sancho Garcés und García Sánchez, der eines Tages in die Berge aufbrach und niemals mehr gesehen ward! Das sind dreihundert Jahre her!“

Wie eine Welle ging ein Murmeln durch die Halle, ehe einer der Mönche ausrief:

„Ein Wunder!“

Dann tönte es aus aller Münder zusammen:

„Ein Wunder!“

Zur Vesper versammelten sich die Mönche in der Klosterkirche von San Salvador de Leyre. Sie lobten und priesen Gott und stimmten den Psalm von der Vergänglichkeit des Menschen an:

„Denn tausend Jahre sind vor dir
wie der gestrige Tag, der verging ...“

Im selben Moment flatterte eine Nachtigall in die Kirche. Sie flog geradewegs auf Virila zu und setzte ihm seinen verschwundenen Ring auf den Finger.

Der alte Abt nickte still in sich hinein. Dreihundert Jahre, welch winziger Wimpernschlag der Ewigkeit! Nun konnte er das immerwährende Glück im Himmelreich kaum erwarten.

Kurze Zeit später holte der Herr Virila endgültig zu sich.

Monasterio de San Salvador de Leyre

Besuch: Bergeinsamkeit und romanische Baukunst machen San Salvador de Leyre zu einem der schönsten Klöster am Jakobsweg. Ein Rundgang führt in die romanische Krypta mit ihren wuchtigen Säulen und Kapitellen sowie zur romanisch-gotischen Klosterkirche, die man durch das reich dekorierte Speciosa-Portal betritt. Sehenswert im Innern: das Bildnis der Santa María de Leyre, ein gekreuzigter Christus aus dem 14. Jahrhundert, die Grabtruhe mit Resten der Könige Navarras sowie eine Seitenkapelle zu Ehren der Märtyrerinnen Alodia und Nunilo.
Geschichte und Gegenwart: San Salvador de Leyre ist seit 848 urkundlich belegt, die Krypta wurde 1057 geweiht. Im Mittelalter diente das *Monasterio* als Rückzugsort und Pantheon navarresischer Könige, ab 1307 Ordensregeln der Zisterzienser. Nach der Säkularisation 1836 lag das Klosterleben bis 1954 brach und ist von Benediktinern aus Santo Domingo de Silos wiederbelebt worden.

Ein Heiliger im unterirdischen Gang

Virila soll im 10. Jahrhundert gelebt haben, manche Forscher geben seine Lebensdaten mit 870-950 an. Der mündlich tradierte Stoff um den Abt und die Nachtigall hat sich europaweit verbreitet, wobei unklar ist, ob der Ursprung der Legende in Leyre liegt oder von Jakobuspilgern über die Pyrenäen mitgebracht wurde. Im Klosterkomplex erinnert der „San-Virila-Tunnel" an den berühmten Abt. Der unterirdische Steingang nahe der Krypta ist ausgeleuchtet und mit einem Gitter verschlossen, am Ende fällt der Blick auf eine kleine Virila-Skulptur.

Öffnungszeiten: Täglich vor- und nachmittags.
Lage und Anfahrt: Am Aragonesischen Jakobsweg *(Camino Aragonés)*, rund 50 km südöstlich von Pamplona. Ab der N-240 bei Yesa ausgeschilderter 4-km-Abzweig zum Kloster, das auf einer großen Aussichtsterrasse hoch über dem Stausee von Yesa liegt. Im Rücken des Klosters werfen sich die zerklüfteten Flanken der Sierra de Leyre auf.

Besonderer Tipp: Eine Nacht im Hotel beim Kloster gibt gute Gelegenheit, den abend- und morgendlichen gregorianischen Gesängen der Benediktiner zu lauschen.

Auf den Spuren des alten Abtes

Eine stimmungsvolle Wandertour führt vom Kloster hinein in die Berge zur abgeschiedenen San-Virila-Quelle mit ihrem kleinen Relief des Abtes. Es geht über Stock und Stein und Wurzelwerk, an dunklen Felsüberhängen vorbei und unter Blätterdächern hindurch – ein geheimnisvoller Pfad! Für Hin- und Rückweg braucht man maximal eine Stunde, unterwegs geben Wald und Strauchwerk den Blick auf Leyre und den Yesa-Stausee frei.

Im Zeichen der Muschel – modernes Marketing und die gute Infrastruktur mildern die Strapazen des Pilgers.

Der Spielmann und das traurige Burgfräulein

Einst erhob sich am Zugang zum *Valle de Roncal* die Felsenfestung von Burgui. Hier lebte ein hochbetagter Burgherr mit seiner Familie und dem Gesinde. Der ganze Stolz des Alten war seine Enkeltochter, deren fröhliches Wesen sich durch eine unglückliche Liebe gewandelt hatte. Jahre zuvor war ihr Verlobter an der Seite von König Sancho VII. dem Starken in den Kampf gegen die Mauren gezogen, fern der Heimat der leidenschaftlichen Liebe zu einer sarazenischen Prinzessin erlegen und nie mehr nach Burgui zurückgekehrt. Seitdem war das Herz der jungen Frau von tiefer Trauer erfüllt. Tagelang sperrte sie sich in ihr Turmzimmer ein, wollte keine Menschenseele sehen und verschmähte das Essen. Mit der Zeit wich ihr gesunder Teint einem aschfahlen Grau, sie magerte ab und sprach schließlich mit niemandem mehr. Oft füllten sich ihre Augen mit Tränen. Sie konnte nicht aufhören an den treulosen Edelmann zu denken und vergrub sich in ihren nagenden Schmerz. Selbst ihr weiser Großvater wusste kein Rezept, wie er sie auf den Pfad der Freude zurückbringen konnte.

Eines Tages tauchte ein Fremder vor dem Kastell von Burgui auf und begehrte Einlass. Über den Schultern hing sein Bündel, in Händen hielt er eine Laute. Auf der Suche nach neuem Verdienst hatte ihn der Wind des Fortschritts über die Pyrenäen geweht. Als er dem Burgherrn erzählte, dass er von weit her aus dem Frankenreich gekommen und ein Spielmann sei, erhellten sich die Augen des Alten vor Freude.

„Euch schickt der Himmel!“, stieß er begeistert aus. „Seht, meine einzige Enkelin ist umnachtet von der Wehmut einer unerfüllten Liebe. Vielleicht könnt Ihr, Caballero, sie wieder fröhlich machen mit Euren Gesängen. Ich lade Euch ein zu bleiben, solange Ihr wollt, und werde Euch gut entlohnen.“

Der Besucher willigte überschwänglich ein, bedankte sich für die Gastfreundschaft und entgegnete selbstsicher:

„Ich kann Euch versichern, dass ich mit meinem Gesang noch nie jemanden enttäuscht habe!"

„Sicher werdet Ihr meiner Enkelin gefallen", sagte der Burgherr, „doch nun erzählt mir zuerst von Euch selbst." Sie verbrachten einen langen gemeinsamen Abend am prasselnden Kaminfeuer, der Fremde berichtete von seinen Wegen und Abenteuern.

Tags darauf bekam der Spielmann die schöne junge Frau zu Gesicht. Als er sie begrüßte, starrte sie gleichmütig an ihm vorbei ins Leere. Nicht ein einziges freundliches Lächeln huschte über ihr Antlitz, doch er war sogleich elektrisiert und überzeugt davon, ihr vereistes Herz aufbrechen zu können. Er sang vor ihr zu den Klängen der Laute und stimmte ein Lied nach dem anderen an. Eine ganze Weile saß das Burgfräulein ungerührt da und verzog keine Miene, dann kehrte sie ihm den Rücken zu und verschwand.

Im Verlauf der kommenden Tage wiederholte sich das Schauspiel. Der Spielmann mühte sich unverdrossen, während die junge Frau in sich selbst versunken dasaß und sich schließlich abwendete. Kraftvoll hob er zu Freudeliedern und Heldenepen an, während seine ganze Sanftmut in Balladen aufging. In seinen Strophen sang er von siegreichen Schlachten und fernen Ländern, von Rittern und Pilgern, von Sehnsucht und Liebe. Er bot sein ganzes Repertoire auf, brachte ihr neue Kompositionen aus durchwachten Nächten zu Gehör und ließ die herrlichsten Melodien aus den Saiten fließen. Nichts geschah. Sie würdigte ihn keines Blickes und gab kein einziges Wort von sich, doch seine Gefühle für das traurige Burgfräulein verstärkten sich von Tag zu Tag und von Vers zu Vers. Er unterließ es jedoch, der verletzlichen jungen Frau seine Liebe zu eröffnen, denn er wollte ihren Schmerz nicht verstärken. Winzige Gesten versuchte der Spielmann zu deuten, aber selbst nach Wochen blitzte nicht ein Schimmer von Freude in ihr auf.

Eines Tages brach das Burgfräulein sein Schweigen. Es wandte sich an den Spielmann und sagte: „Haltet endlich inne mit Euren Gesängen, sie schmerzen mich zutiefst." Seine Stimme klang bitter und ernst.

Der Spielmann sah ein, dass all sein Bemühen vergebens war. Zu tief hatte sich Gram in ihre Seele gegraben. Er suchte den Burgherrn auf und berichtete von ihren Worten, worauf der Alte keinen anderen Ausweg sah, als seine geliebte Enkelin in ein fernes Kloster bringen zu lassen.

Kurz darauf verließ der Spielmann das Kastell. Ziellos durchstreifte er die Sierra de Illón und die Sierra de Leyre, bis er die Abtei San Salvador de Leyre erblickte. Dort bat er um Aufnahme. Er tauschte die Laute gegen die Kutte, übergab dem Orden seine kleinen Rücklagen und wurde ein frommer Mönch. Er blieb es bis zu seinem Tod. Nur eines konnte er bis zu seinem Lebensende nicht mehr vergessen: das traurige Burgfräulein von Burgui.

Burgui und Umgebung

Geschichte und Gegenwart: Das Kastell von Burgui ist heute ebenso verschwunden wie das nahe Monasterio de Urdaspal, das bereits im 9. Jahrhundert ein reges Klosterleben verzeichnete und 1085 von Navarras König Sancho V. Ramírez der nahen Abtei San Salvador de Leyre angegliedert wurde. Als wichtigstes Monument hat Burguis „Römerbrücke" über den Río Esca die Zeiten überdauert.

Landschaft: Interessanter als Burgui nimmt sich die umliegende Natur aus, für motorisierte Jakobspilger ein idealer Abstecher. Der 300-Einwohner-Ort bildet das Tor ins Valle de Roncal, Navarras östlichstes Pyrenäental. In der Vegetation herrscht ein Gepräge aus Kiefern und

Buchenwäldern vor, der grüne Taleinschnitt ist von malerischen Steindörfern wie Roncal und Isaba durchsetzt.

Lage und Anfahrt: Burgui liegt ein Stückchen nördlich des Aragonesischen Jakobswegs, 77 km südöstlich von Pamplona, Anfahrt ab der N-240 über Sigüés.

Besondere Tipps: Ganzheitliches Erleben im Tal von Roncal: für die Naturliebhaber zahlreiche Wanderrouten sowie Skilanglauf im Winter, für Kunstfreunde ein Besuch auf dem Friedhof von Roncal mit Mariano Benlliures Mausoleum für den Tenor Julián Gayarre (1844-1890), für aller Gaumen typischer Schafskäse und Forellen. Zahlreiche Landhäuser (*casas rurales*) bieten ein rustikales Dach überm Kopf.

Ein Leben im Bann des Camino – als eifriger Pilger und hospitalero.

Rückkehr nach Rocaforte

Hoch über dem Tal des Río Aragón thronte im Mittelalter die Felsenburg von Rocaforte. Hinter ihren trutzigen Mauern erinnerten Hufeisenbögen und grazile Arkaden an ihre ursprünglichen Besitzer: die Muselmanen, angeführt von Bravucón.

Navarras Herrscher Fortun Garcés hatte die Feste aus den Händen Bravucóns erobert, sie zum Schutz des Jakobsweges und seines Reiches verstärkt und einem getreuen Kriegsherrn vermacht. Die Gefahr in der Gegend hielt Fortun Garcés für gebannt, zumal seine Soldaten die Mauren noch weiter gegen Süden gedrängt hatten. Während der Herrscher sein Hab und Gut an Ländereien und Burgen vergrößerte, richtete sich der neue Burgherr mit einer kleinen Schar aus Soldaten und Dienern, seiner Frau und seinen beiden halbwüchsigen Töchtern auf der Festung von Rocaforte ein.

Es war an einem milden Morgen im Frühjahr, als das Burgherrnpaar mit seinem gesamten Gefolge in die Berge zum nahen Kloster San Salvador de Leyre aufbrach. Auf Einladung Fortun Garcés' sollten sie dort den Pilgerzug zu Ehren der Märtyrerinnen Alodia und Nunilo begleiten und erstmals Bekanntschaft mit dem neuen Bischof Pamplonas machen. Die jungen Schwestern blieben allein auf der einsamen Burg zurück. Sie erschienen den Eltern zu jung für feierliche Treffen solcher Tragweite. Gehorsam warteten sie mit ihrem treuen Wachhund auf dem Kastell von Rocaforte auf die abendliche Rückkehr der anderen.

Die Mittagssonne stand über der Feste, als es laut am Burgtor klopfte. Der Hund setzte zu wildem Gebell an.

„Still!“, mahnte die eine Schwester und erhob sich. „Ich werde nachsehen, wer Einlass begehrt.“

„Lasst davon ab“, beschwor die andere. „Ihr wisst, dass wir niemandem öffnen dürfen.“

„Wir haben doch unseren Wachhund, er wird uns beschützen“, erwiderte die Erste forsch.

Wieder klopfte es am Burgtor. „Ein Almosen, gebt mir ein Almosen!“ Eine fremdartige Stimme drang durch die Mauern. „Ein Almosen, bitte ein Almosen!“

„Man kann niemanden in Not abweisen, vielleicht ist es ein Bettler oder ein Pilger, der dringend unserer Hilfe bedarf“, sagte die Erste.

„Nicht, Schwester, bitte nicht“, flehte die andere. Doch das Mädchen ging, von Güte und Neugier getrieben, zum Portal. Der Hund begleitete sie. Er wirkte unruhig.

Mit aller Kraft stemmte sie die Balken beiseite und öffnete das Tor. Der Hund knurrte böse, als er die Gestalt erblickte. Es war ein ausgemergelter Mann mit einem dunklen Gesicht, aus dem ein zotteliger Bart wucherte. Barfuß stand er dort, mit aufgerissenen Füßen und zerschundenen Knöcheln. Er war von den Strapazen gezeichnet und trug nichts weiter als einen schwarzen, wollenen Umhang.

„Habt Erbarmen“, sagte der unheimliche Fremde. „Gebt mir ein Almosen, gebt mir etwas zu essen und einen Schluck Wasser. Sicher könnt Ihr etwas entbehren.“ Seine Stimme klang fremdländisch, die Betonung der Worte auffallend hart.

Mittlerweile war die andere Schwester gekommen und hörte das Leid des Bettlers. Nun war sie es, die ihrem Herzen einen Stoß gab. „Tretet näher“, munterte sie ihn auf. „Und du sei ruhig, er tut uns nichts!“, befahl sie dem Hund, der im selben Augenblick an dem Fremden hochsprang und wie toll die Zähne bleckte.

„Das reicht“, schimpfte sie, packte den Hund am Nackenfell und sperrte ihn in einen Verschlag neben dem Tor.

Dumpf hallte das Gebell des treuen Hundes hinter ihnen her, als die Schwestern den Fremden in den Innenhof neben der Waffenkammer führten. Dort saßen die beiden am liebsten. Ein Tischchen und hölzerne Bänke standen dort.

„Nehmt Platz“, sagte die eine zu dem dunkelhäutigen Fremdling. „Was treibt Euch hier in die Gegend? Sicher kennt Ihr Euch nicht gut aus, oder? Seid Ihr ein Pilger? Habt Ihr denn kein Bündel dabei?“

Die Fragen sprudelten nur so aus dem jungen Mädchen hervor, die das eintönige Leben auf der Burg mitunter ein wenig bedrückte. „Schwester!“, mahnte die andere. „Wir wollen ihm zuerst zu essen und zu trinken geben. Seht Ihr nicht, wie hungrig er aussieht!?“ Leichtfüßig schwebte sie über den Steinboden, auf dem die Arkaden feine Schattenrisse zeichneten. Aus der Speisekammer holte sie Schinken und Oliven.

Bald sah man den Fremden, wie er gierig über das Essen herfiel und den Krug in zwei mächtigen Zügen leerte. Er sprach nichts. Nur ab und an schaute er auf und ließ den Blick über die Mauern schweifen, über die steinernen Muster aus Blüten und Blättern rund um die Hufeisenbögen. Es waren Relikte aus maurischen Zeiten. Wenige Jahre zuvor hatte er an derselben Stelle gesessen und die Ornamente *seiner* Meister bewundert. Wenige Jahre zuvor, ja, da war es seine Burg gewesen, die Burg des Mauren Bravucón. Plötzlich sprang der Fremde auf und wischte mit seinem Arm den Tisch leer. Der Krug fiel zu Boden und barst. Ängstlich starrten die Schwestern auf den unheimlichen Mann. Seine Blicke waren wirr und wild.

„Ich bin der Maure Bravucón!“, schmetterte er in den Innenhof hinein. „Ich bin zurückgekommen, um meine Krieger und mein Volk zu rächen! Zurück auf meine Burg, jawohl, auf meine Burg!“

Der gewaltige Hall seiner Stimme drang überall hin und vermischte sich mit dem gedämpften Gebell des Hundes. Die Schwestern saßen wie versteinert dort. Sie hatten keine Kraft, sich zu erheben, als der Maure Bravucón einen blitzenden Dolch unter seinem dunklen Umhang hervorholte. Sie gaben keinen Schrei von sich, als der unheimliche Fremde ihnen die Kehlen durchschnitt.

Bravucón hatte sein Pferd, den Sack mit Kleidern und den Proviant für die riskante Rückkehr zu den Seinen ganz in der Nähe des Kastells gelassen. Dorthin wollte er rasch zurück. In dem Moment, als er das Burgtor öffnete, gelang es dem Hund, sich aus dem Verschlag zu befreien. Er griff den Fremden an, vergrub sich in seinen Hals und biss ihm die Gurgel durch.

Die goldene Kugel der Abendsonne tauchte die Festung von Rocaforte in ein warmes Licht, als die Burgherren mit ihrem Gefolge zurückkehrten. Sie erstarrten, als sie einen unheimlichen Fremden vor dem geöffneten Tor liegen sahen. Aus der Ferne vernahmen sie ein stilles Winseln und stolperten durch die Gänge. Im Innenhof neben der Waffenkammer stockte ihnen der Atem. Sie stürzten zu den leblosen Körpern ihrer geliebten Töchter. Der treue Hund saß daneben und leckte das Gesicht von einer der Schwestern.

Am folgenden Tag trug man die Mädchen zu Grabe. Als das Leichenbegängnis beendet war, erblickten die Trauernden im Stahlblau des Himmels zwei schneeweiße Störche. Sie zogen ihre Kreise, stießen traurige Laute aus und ließen sich auf einem der Burgtürme nieder. Dort bauten sie ein Nest und blieben bis zum Winter. Dann brachen sie auf. Frühjahr um Frühjahr kehrten die Störche zum Kastell von Rocaforte zurück. Jeder Jakobspilger schlug fortan ein Kreuz und sprach ein leises Gebet.

Rocaforte und Umgebung

Geschichte und Gegenwart: Die beschriebene Trutzburg ist im Strudel der Zeiten untergegangen, eingangs des 13. Jahrhunderts soll der heilige Franz von Assisi die nahe Einsiedelei San Bartolomé gegründet haben. Rocaforte heißt „starker Fels" und bezeichnet heute einen verwinkelten Pilgerort, der mutmaßlich an der Stelle der verschwundenen Festung liegt. In manchen Dokumenten wird er als *Sangüesa Vieja* (Alt-Sangüesa) geführt, legt sich um ein kleines Gesteinsmassiv über dem Tal und wird von der gotischen Iglesia de Santa María beherrscht. Vom Kirchplateau bietet sich ein in jeder Hinsicht ge-

Die Kleinstadt Sangüesa überrascht den Besucher mit einem der beeindruckendsten romanischen Portale des gesamten Jakobsweges.

trübter Blick, der genau auf die qualmende Papierfabrik *Papelera Navarra* fällt. In deren Dunstkreis breitet sich auch Sangüesa aus, das als neu befestigtes Pilgerstädtchen vermutlich zu Beginn des 12. Jahrhunderts an den Flussufern des Aragón gegründet wurde. Wichtigstes Bauwerk ist die Kirche Santa María la Real mit einem der beeindruckendsten romanischen Figurenportale am gesamten Jakobsweg. Im

Palacio del Príncipe de Viana unterhielt der Königshof von Navarra seine Vertretung.

Lage und Anfahrt: Rocaforte liegt 40 km südöstlich von Pamplona, ausgeschilderte Auffahrt am Stadtrand von Sangüesa.

Besondere Tipps: Im nahen Javier erinnert die Felsenburg an San Francisco Javier (dt. Franz Xaver, 1506-1552), der hier geboren wurde und als wegweisender Jesuitenmissionar des Fernen Ostens in die Geschichte eingegangen ist. Auf dem Weg nach Puente la Reina verläuft der *Camino Aragonés* durch Monreal mit seiner außergewöhnlich schönen gotischen Brücke über den Río Elorz.

Das Marienbildnis in der Kirche von Eunate.

Das fliegende Portal von Eunate

Als die Arbeiten am Kirchlein Santa María de Eunate fast beendet waren und einzig das Hauptportal fehlte, erreichte den Baumeister eine rätselhafte Botschaft aus der Ferne. Er reiste auf unbestimmte Zeit ab. Nach einigen Wochen regte sich Unruhe unter den Mönchen.

„Was soll werden mit unserem Portal?“, fragten sie sich. Sie warteten vergebens auf die Rückkehr des Steinbildhauers, der als einer der angesehensten Künstler seiner Epoche galt. Selbst eine Nachricht von seinem Verbleib blieb aus. Zu guter Letzt entschlossen sie sich, einen lokalen Steinmetz mit der Fertigung des Portals zu beauftragen. Dieser fühlte sich geehrt und versprach gutes Gelingen.

Obgleich nicht vom Rang des alten Skulpteurs, sah man, wie der Neue mit unermesslichem Fleiß zu Werke ging. Die Bogenläufe bekamen Gestalt, unter seinen Händen erwuchsen Pflanzen und Wesen in Windeseile zu ewigem Leben in Stein. Er arbeitete wie besessen und scheute weder die Stunden der grellsten Sonne noch die tiefste Nacht. Die Mönche schauten vorbei und bewunderten die Fortschritte. Es dauerte gerade einmal drei Tage, bis der Steinmetz die Ordensbrüder herbeirief und das vollendete Hauptportal präsentierte. Stolz stand er vor seinem Werk, das genauso war, wie es sich die Mönche vorgestellt hatten: ein ausgewogenes Ensemble aus Archivolten, Säulen, Kapitellen und kleinem Skulpturenschmuck.

Kurze Zeit später kehrte der alte Bildhauermeister zurück. Als er das fertige Portal erblickte, schäumte er vor Wut.

„Wie konntet Ihr fremde Hand anlegen lassen?!“, warf er den Mönchen vor. „Habt Ihr nicht an meinen Ruf gedacht, der jetzt verunglimpft wird?“

Sie entschuldigten sich und führten seine Abwesenheit an, doch er ließ den Grund nicht gelten und verlangte nach einer Lösung. Gleichwohl gestand er sich im Innern ein, dass ihm die Arbeit niemals besser gelungen wäre.

Die Brüder zogen sich zur Aussprache zurück und unterbreiteten dem Meister ihren Vorschlag:

„Wir sind bereit, das Portal gegen Eures zu tauschen, sofern Ihr unsere Bedingung erfüllt."

„Und die wäre?", fragte der Bildhauer.

„Ihr müsst es in derselben Zeit vollbringen wie der Steinmetz. Wir geben Euch drei Tage und keinen Wimpernschlag länger." Notgedrungen willigte er ein, wohl wissend, dass ein Gelingen unter diesen Umständen nicht zu schaffen war.

„Wie konnte das sein?", überlegte er. „Ein einfacher Steinmetz, schneller und findiger als ich?"

Der Meister fürchtete um sein Ansehen. Er war verzweifelt. Ihm blieb kein anderer Ausweg, als eine Hexe aufzusuchen und um Hilfe zu bitten.

„Da gibt es nur eines", sagte die runzlige Alte, nachdem sie ihren reichen Lohn eingestrichen hatte. „In der kommenden Nacht ist Johannisnacht, während der eine Schlange jedes Jahr einen Mondstein an den Ufern des Río Robo ablegt. Vertraut mir, ich werde Euch die Stelle gleich zeigen. Wartet ab, bis die Schlange verschwindet. Dann nehmt den Mondstein, tragt ihn vor die Kirche und legt Euch zur Ruhe. Am Morgen werdet Ihr sehen, dass aus dem Stein ein prächtiges Portal zum Vorschein gekommen ist."

Er folgte dem Rat der Alten. Im Schutz der Finsternis hielt sich der Meister hinter dichtem Strauchwerk am Río Robo versteckt. Unsägliche Angst schnürte ihm die Kehle, als er die Umrisse einer riesenhaften Schlange erblickte. Sie wand sich aus dem dunklen Wasser, kroch ein Stück vor und hielt instinktiv inne. Der Meister zitterte und fürchtete, entdeckt worden zu sein. Das Reptil verkrampfte sich und zuckte, bis es einen ungeheuren Mondstein in den Ufersand würgte. Dann glitt es lautlos ins Flüsschen zurück. Er geduldete sich ein wenig, sprang auf und ergriff den Mondstein. So schnell wie möglich schleppte er das milchig-trübe Mineral zur Kirche und legte es auf dem Freiplatz ab. Erschöpft schlief er ein.

Gemurmel schreckte den Meister aus tiefem Schlaf. Kreisförmig standen die Ordensbrüder um ihn herum. Benommen richtete er sich auf und blinzelte in die Sonne, die hoch an den Himmel geklettert war.

„Unglaublich, einfach unglaublich", hörte er jemanden flüstern.

Auf der Mitte des Platzes erhob sich ein einsam stehendes Portal. Stumm starrten Mönche und Meister das Bildwerk an. Säulen und Archivolten wölbten sich perfekt hervor, die Kapitelle und kleinen Skulpturen waren vollkommen bis ins kleinste Detail.

„Ein Kunststück, ein wirkliches Kunststück", lobte einer der Mönche und brach das seltsame Schweigen.

„Unglaublich, wie so etwas gelingen kann!", rief ein anderer und setzte verhalten hinzu:

„Aber wünscht Ihr wirklich, dass wir es austauschen?"

Wie angewurzelt verharrte der Meister vor dem Portal. Er spürte, wie sein Befremden in eine maßlose Wut umschlug. Es sah genauso aus wie das des Steinmetzes! Da ging er hin und versetzte dem Werk einen derart starken Tritt, dass es sich vom Boden löste und bis ins nahe Örtchen Olcoz flog. So kam die Kirche von Olcoz zu ihrem Portal.

Eunate

Besuch: Rätselhaft, anrührend, packend. Eunate, romanisches Kleinod auf freiem Feld, strahlt magnetische Reize aus. Umfasst von einem Arkadenvorhof mit Säulenkapitellen voll mysteriöser Wesen und pflanzlichem Schmuck, nimmt der Kirchbau einen achteckigen Grundriss ein. Er ist aus schweren Quadern erbaut, über die sich zahlreiche Steinmetzzeichen und Sparrenköpfe verteilen. Im Innern wirken Kuppel, Gurtbögen, Alabasterfenster und Apsiden auf besondere Weise zusammen. In der Mittelapsis verehren die Gläubigen ein romanisches Marienbildnis (Replikat).

Geschichte und Gegenwart: Santa María de Eunate wurde Ende des 12. Jahrhunderts erbaut, doch der Anlass verliert sich im Dunkel und hat mehrere Thesen ans Licht gebracht. In der Legende vom „fliegenden Portal" ist von Mönchen die Rede, bei denen es sich um Tempelritter gehandelt haben dürfte. Waren sie wirklich hier aktiv? Nutzten sie Eunate als zeremonielles Zentrum bei geheimnisvollen Initiationsriten? Oder war das kleine Gotteshaus als Marienheiligtum geplant, als Grabkapelle für eine finanzstarke Dame der Gegend, als Friedhofskirche für verstorbene Pilger? Für letztgenannte Theorie sprechen die Funde umliegender Grabstätten. Als Sterbehaus könnte der Steinbau neben dem Kirchlein gedient haben, der als „Haus des Einsiedlers" (*Casa del Ermitaño*) bekannt ist.

Fest steht, dass die Kirche für die Bewohner des umliegenden Landstrichs Valdizarbe besondere Bedeutung hatte. Hier versammelte und beratschlagte man sich bis ins 19. Jahrhundert hinein. Heute ist die Iglesia de Santa María de Eunate alljährlich Ziel mehrerer Wallfahrten und gibt Hochzeiten und Konzerten einen außergewöhnlichen Rahmen.

Öffnungszeiten: Im Prinzip täglich vormittags und nachmittags, aufgrund der Abgeschiedenheit nicht immer zuverlässig.

Lage und Anfahrt: 28 km südwestlich von Pamplona direkt am *Camino Aragonés*, ausgeschilderter Abzweig am Ortsrand von Puente la Reina ab der Nationalstraße N-111.

Meisterhafter Steinmetz

Eine weltliche Erklärung legt nahe, dass die legendären Kirchenportale von Eunate und Olcoz vom selben Steinbildhauer gestaltet wurden. Olcoz und seine Kirche San Miguel Arcángel liegen einige Kilometer östlich von Eunate an einer Jakobswegvariante des *Camino Aragonés*, die ab Tiebas über Muruarte de Reta führt.

Rätselhaft, anmutig, packend: Eunate, romanisches Kleinod auf freiem Feld.

Das blühende Herz der frommen Felicia

Felicia war eine Herzogstochter, die am Hofe von Aquitanien lebte. Sie hing an ihren Eltern und ihrem Bruder Guillermo, empfand jedoch eine noch größere Liebe zu Gott. Sie verbrachte viel Zeit mit Gebeten, ließ nicht eine einzige Andacht aus und verteilte Almosen unter den Bedürftigsten.

Eines Tages trug Felicia den Wunsch vor, gemeinsam mit Guillermo zum Grab des Apostels Jakobus nach Santiago de Compostela zu ziehen. Hocherfreut willigten ihre Eltern ein, da sie sich von der Pilgerfahrt ihrer Kinder steigendes Ansehen versprachen. Sogleich überlegten sie, welche Begleiter des Hofstaates man den beiden mitgeben könnte. Felicia sagte indes:

„Wir wollen allein und als ganz gewöhnliche Pilger reisen und von milden Gaben leben.“ Ihre Willensstärke brach sämtliche Einwände. Als der Abschied nahte, beschlich Felicias Eltern ein ungutes Gefühl. Ob sie ahnten, dass sie ihre geliebte Tochter niemals wiedersehen würden ...?

Unterwegs nach Galicien wurde Felicia und Guillermo Barmherzigkeit in vielen Dörfern und Klöstern zuteil, sie nächtigten oft unter freiem Himmel und ernährten sich tagelang von nichts anderem als von Wasser und Brot. Ganz so, als habe sich eine unsichtbare schützende Hülle um sie gelegt, trafen sie wohlbehalten in Santiago ein. Sie erwiesen dem Apostelgrab inniglich die Ehre und begaben sich auf den Heimweg.

Mit jedem Schritt, der sie näher an die Heimat herantrug, stieg in Felicia ein stärkeres Verlangen auf, sich den Gebeten und der Einkehr hinzugeben und ein einfaches Leben zu führen. Während all der entbehrungsreichen Wochen hatte sie sich kein einziges Mal nach dem Überfluss am Hofe gesehnt, keine einzige genügsame Kost in den Herbergen hätte sie gegen ein Festmahl getauscht. Ganz deutlich spürte Felicia ihre innere Stimme, eine

Eingebung, der sie sich zu fügen bereit war. Sie offenbarte sich ihrem Bruder, bei dem sie auf Unverständnis stieß:

„Schwester, Ihr wisst nicht, was Ihr redet."

Die Geschwister hatten bereits Navarra erreicht, als Felicia plötzlich verschwand und unauffindbar blieb. Nach erfolgloser Suche und von tiefer Trauer erfüllt, setzte Guillermo den Weg nach Aquitanien fort und erstattete seinen Eltern Bericht.

Felicia durchwanderte unbekannte Gebiete, kreuzte Bäche und Wälder und gelangte ins *Valle de Egües*, ein kleines Tal zwischen Pamplona und Aoiz. Auf dem Gutshof von Amocáin bat sie um Aufnahme als Magd und hielt ihre wahre Herkunft verborgen. Fortan nahm sie die härtesten Arbeiten auf sich, nutzte jede freie Minute für ein Gebet und gab den Lohn, den sie bekam, den Armen. Sie schuftete von früh bis spät und erhielt kleine Zulagen, die sie ebenfalls den Notleidenden zukommen ließ. Wo ihre bescheidenen Mittel nicht ausreichten, spendete sie die Kraft ihrer Worte. Mit der Zeit breitete sich der Ruf der wundersamen Gutsmagd im ganzen Tal aus. Zum ersten Mal im Leben fühlte sich Felicia erfüllt, doch ihr Glück sollte nicht von Dauer sein ...

Im fernen Aquitanien schwoll der Kummer des Herzogs zu einem blinden Zorn auf seinen Sohn Guillermo an. Er warf ihm vor, er habe Felicia fahrlässig gehen lassen und womöglich ihren Tod verschuldet. Mehrere ausgeschickte Boten kehrten ohne Neuigkeiten an den Hof heim, bis der Herrscher Guillermo befahl, persönlich nach ihr zu suchen. Vorausgesetzt, sie lebte noch, trug er ihm auf, seine Schwester im Zweifelsfall gewaltsam nach Hause zu bringen.

Guillermo zog aus nach Navarra, befragte Bauern und Händler und beschrieb ihnen Felicias Aussehen. Die Kunde von einer über alle Maßen wohltätigen Magd trieb ihn ins *Valle de Egües*. Auch wenn sie in uralte Kleider gehüllt und ihr Rücken unter der Last der Arbeit gekrümmt war, erkannte er sie sofort. Sie stand gebückt auf einem schmutzigen Acker, hielt inne, blickte auf und rannte ihm wortlos entgegen. Wie groß war die Freude des Wiedersehens! Wie Verliebte schlossen sich die Geschwister gegenseitig in die Arme und vergaßen einen kurzen Augenblick lang die Welt. Er erzählte von den Sorgen der Eltern und war sich sicher, Felicia zur sofortigen Rückkehr zu bewegen.

„Wenn Ihr Euch beeilt, Schwester, schaffen wir es heute aufzubrechen!", stieß er begeistert hervor.

„Ich weiß Eure Mühe zu schätzen, lieber Bruder", entgegnete sie ruhig, „aber ich habe meinen eigenen Weg gefunden. Einen Weg, für den ich Gott aus tiefstem Herzen danke und von dem mich nichts und niemand abbringen kann. Verzeiht, wenn ich Euch nicht begleiten werde."

Guillermo versuchte es mit gutem Zureden, aber es half alles nichts. Felicia war nicht umzustimmen, ihr Entschluss endgültig.

„Besser, Ihr brecht auf, bevor Ihr später in die Dunkelheit geratet", sagte sie. „Außerdem muss ich bis zum Abend das Feld bestellt und das Essen bereitet haben."

Da fühlte Guillermo, wie eine unbändige Wut in ihm aufstieg und ihm fast den Atem nahm. Wie Blitze zuckten seine Gedanken hin und her. In flirrenden Phantasmen wirbelte seine Schwester in höfischer Tracht und in Lumpen vorbei, Bilder umkreisten die zarten Finger einer Prinzessin und die zerschrundenen Hände einer Magd. In einem lauten Fluch verdammte er das Schicksal und war wie von Sinnen, als er seinen Dolch zog und Felicia mitten ins Herz stieß. Als er im selben Augenblick zur Besinnung kam, war es zu spät. Tödlich getroffen sank seine Schwester nieder. In Panik ergriff Guillermo die Flucht.

Knechte des Gutshofs von Amocáin fanden den leblosen Körper der Felicia. Da sie viele Bewohner des Tals wie eine Heilige ansahen, kam ihr die Ehre zu, in der Kirche bestattet zu werden. Tage später bemerkte der Pfarrer einen betörenden Duft, der aus dem Sarg aufstieg. Sofort benachrichtigte er die Mitglieder seiner

Gemeinde. Als man den Sargdeckel in Anwesenheit aller öffnete, sah man Felicias unversehrten Leichnam. Aus ihrem Herzen spross eine wohlriechende Blume. Die Gläubigen bekreuzigten sich und sprachen von einem Wunder.

Hier büßte der Schwestermörder seine ruchlose Tat: die Einsiedelei von Arnotegui.

Geleitet von Engeln und auf dem Rücken eines weißen Maultiers, gelangte der Sarkophag in ein benachbartes Tal, das *Valle de Aranguren.* Hier fand Felicia ihre letzte Ruhe in einer kleinen Kapelle in Labiano. Guillermo, von Schuld und Reue geplagt, war unterdessen ein zweites Mal nach Santiago gepilgert. Er flehte den Apostel um Verzeihung seiner Sünden an, doch der Gedanke an die schrecklichen Geschehnisse quälte ihn Tag und Nacht. Auf dem Rückweg entschloss er sich bei Obanos, in der Nähe seiner Schwester zu bleiben und bis zum Ende seines irdischen Daseins Buße am Jakobsweg zu tun. In der Einsiedelei von Arnotegui begann Guillermo ein Leben als Eremit und versorgte die Armen und vorbeiziehenden Pilger. Sein aufopferungsvolles, selbstloses Wesen blieb niemandem verborgen. Schon zu Lebzeiten galt er vielen als

Heiliger. Bis zu seinem Tod verzehrte er sich bei guten Taten und wurde in der Einsiedelei beigesetzt. Labiano und Arnotegui entwickelten sich zu Wallfahrtszielen. Santa Felicia und San Guillermo genießen Verehrung bis zum heutigen Tag.

Obanos und Umgebung

Geschichte und Gegenwart: Die Legende gründet sich auf das Spätmittelalter, in abweichenden Versionen wird Prinzessin Felicia auf ihrer Pilgerfahrt nach Santiago vom halben Hofstaat eskortiert.

An San Guillermo (auch: Guillén, dt. Wilhelm) erinnert eine Schädelreliquie, die einst in der Einsiedelei von Arnotegui aufbewahrt und vor wenigen Jahrzehnten mit Silber überzogen wurde. Aus Furcht vor Diebstahl brachte man sie in die nahe gelegene neogotische Kirche San Juan Bautista nach Obanos.

Der Gutshof von Amocáin ist heute verlassen, Labianos ursprünglich romanische Kapelle Santa Felicia durch einen Barockbau ersetzt worden. Obgleich erst seit 1506 urkundlich belegt, muss die Einsiedelei Nuestra Señora de Arnotegui wesentlich älter sein; das Bildnis der heiligen Jungfrau geht auf das 13. Jahrhundert zurück.

Weinfluss durch einen versilberten Kopf

Der versilberte Schädel des heiligen Guillermo steht beim Volksfest von Obanos alljährlich am Donnerstag nach Ostersonntag im Mittelpunkt eines ungewöhnlichen Ritus. Beäugt von den Umstehenden neben der Kirche, hält der Pfarrer die Reliquie mit beiden Händen umfasst, während man mitten durch den Kopf edlen Wein fließen lässt. Der Rebensaft strömt durch ein Loch von oben nach unten in einen kleinen Auffangbottich. Nach der Segnung von Wasser und Wein verteilt man die Flüssignahrung gemeinsam mit belegten Broten an die Gläubigen. Später setzt sich eine Prozession durch die Straßen in Gang.

Lage und Anfahrt: Der Weinort Obanos gehört zum fruchtbaren navarresischen Landstrich Valdizarbe und liegt 21 km südwestlich von Pamplona. Es ist die letzte Pilgerstation am Aragonesischen Weg, bevor sich dieser in Puente la Reina mit dem Französischen Weg (*Camino Francés*) zur Hauptroute nach Santiago vereint; Ortsabzweig nach Obanos ab der Nationalstraße N-111.
Die weithin sichtbare Einsiedelei Nuestra Señora de Arnotegui krönt einen Hügel oberhalb des Jakobswegs; zwischen der Iglesia de Santa María de Eunate und Puente la Reina führt ein breiter Erdweg hinauf.
Besonderer Tipp: Das tragische Schicksal des Geschwisterpaars Felicia und Guillermo lebt in Obanos regelmäßig als groß inszeniertes Mysterienspiel auf, bei dem Hunderte von Darstellern und über tausend Kostüme zum Einsatz kommen. Verfasst von Pfarrer Santos Beguiristáin und Mitte der 1960er Jahre erstaufgeführt, steht das „Misterio de Obanos" heute im Zwei-Jahres-Rhythmus Ende Juli an; maßgeblich sind gerade Jahreszahlen. Die Hauptrollen sind mit Schauspielprofis besetzt, die übrigen mit örtlichen Laiendarstellern. Federführend organisiert von der Stiftung „Misterio de Obanos", locken die Aufführungen an acht aufeinander folgenden Abenden zahlreiche Zuschauer in den Ort.

Ein tödlicher Hinterhalt für Roland

Die Chronik notiert das Jahr 778, Mitte August. Karolingische Heerscharen wälzen sich aus dem Becken des Arga in die Pyrenäen hinauf, ein unendlich langer Zug aus Waffenträgern, der die Bergkette auf dem Übergang von Ibañeta passiert. Ihre Zahl geht in die Zehntausende. Karl der Große eilt mit einem Teil der Truppen voraus, stets gewahr, Fallen der Feinde aufzuspüren. Nichts passiert.

Hinter Karl und den Seinen liegt eine militärische Expansion gegen die „Ungläubigen" im islamischen Spanien. Die Einnahme des maurisch besetzten Zaragoza war gescheitert, auf dem jetzigen Rückweg in die fränkische Heimat hatte man die Stadtmauern Pamplonas zerstört und die Muselmanen herausgefordert. Der tödliche Hinterhalt wartet schon. Aber nicht auf Karl ...

Auf dem durchwühlten Erdgrund der vornweg marschierenden Verbände folgt die Nachhut, angeführt von Ritter Roland, einem der zwölf Paladine. Als sie die Passhöhe von Ibañeta erreichen, schnappt die Falle zu. Wie Ameisen kriechen schwer bewaffnete Mauren und Basken aus ihren Verstecken und fallen über die Streiter her. Sie nutzen den Überraschungseffekt und befördern einen nach dem andern ins Jenseits, noch bevor sich die kampferprobten Karolinger zur Wehr setzen können. Der Boden tränkt sich mit Blut. Roland zieht sein wunderkräftiges Schwert Durendal und kämpft furchtlos und heldenhaft, doch gegen die Übermacht der Gegner vermag er auf Dauer nichts auszurichten.

Roland wird tödlich getroffen. Verzweifelt zerschlägt er sein Schwert an einem Felsen, damit es nicht dem Feind in die Hände fällt, und stößt einen seiner letzten Atemzüge so gewaltig in sein Wunderhorn Olifant, dass ihm die Halssschlagader aufspringt. Während er sein Leben aushaucht, dringt der Schall des Horns, von Engeln in die Tiefe des Tals getragen, zu Karl dem Großen. Gegen den Rat von Ganelón, der sich mit den Feinden

Am Ibañetapass gemahnt ein Denkmal an den tödlichen Hinterhalt.

heimlich verbündet und diese von der Nachhut unterrichtet hatte, macht der Frankenkönig kehrt und treibt seine Einheiten zurück auf den Pass, wo er ein grausiges Panorama vorfindet. Überall Leichen und Leichenteile, Eingeweide und Blutlachen. Verwundete winden sich in Schmerzen und stöhnen.

König Karl und die Krieger schlagen ihr Feldlager im Gebirge auf. Sie versorgen die Überlebenden, tragen sie auf Armen und Schultern auf Blätterpritschen, beweinen den Tod des tapferen Roland und aller andern und balsamieren die sterbliche Hülle des Helden ein. Gesänge und Gebete hallen durch die Bergwelt, über Bäume und Sträucher legt sich der flackernde Schein der entzündeten Feuer. Es riecht nach Rauch und nach Kräutern.

Am folgenden Morgen befiehlt der Herrscher, die geflüchteten Feinde aufzutreiben. Seine Truppen verfolgen sie bis zum Ebro, nehmen blutige Rache für den Hinterhalt auf dem Ibañeta und kehren in die Pyrenäen zurück. Auch der Verräter Ganelón entgeht seinem Schicksal nicht und wird von angespannten Pferden gevierteilt.

Auf dem Schlachtfeld herrscht nach wie vor Wirrnis. Die Sonne beginnt die Blutseen zu trocknen, Fliegenschwärme kreisen über den Myriaden lebloser Leiber. Es scheint unmöglich, jedem Einzelnen eine persönliche letzte Ruhestätte zu geben. Der Monarch ordnet an, ein Massengrab auszuheben, das später den Namen „Silo Karls des Großen“ tragen wird. Es bekommt die Form einer überwölbten Höhle, an den Seiten verstärkt man es mit Wänden aus schweren Steinen.

Viele der toten Körper liegen nackt und bis zur Unkenntlichkeit entstellt da, karolingische Getreue und Feinde sind nicht zu unterscheiden. Karl, der sich weigert, auch nur einen einzigen Heiden beisetzen zu lassen, zieht sich in sein Zelt zurück und bittet Gott um Mithilfe. Plötzlich bitten einige Ritter um Einlass, unterbrechen ihn in seinen Gebeten und führen ihn aufgeregt nach draußen. Manche Kadaver haben sich gedreht, ihre Gesichter weisen himmelwärts, aus ihren Mündern ragen Rosen.

Das Rosenwunder! Nun weiß Karl, wen er als gute Christen bestatten darf. In einer feierlichen Zeremonie setzt man seine Streiter dort bei, wo sich heute die Kapelle Sancti Spiritus erhebt.

Das Kloster von Roncesvalles erinnert an den fränkischen Helden.

Roncesvalles und zum Pass von Ibañeta

Geschichte und Gegenwart: In Roncesvalles und auf dem 1057 Meter hohen Pyrenäenpass Ibañeta ist Ritter Roland allgegenwärtig. Oberhalb der modernen Passkapelle San Salvador erinnert das Rolandsdenkmal an die legendäre Schlacht, im nahen Klosterkomplex ist er als kleine Skulptur gegenüber der Iglesia de Santiago hoch zu Ross unterwegs. Roncesvalles' Grabkapelle Sancti Spiritus trägt bis heute den Beinamen „Silo Karls des Großen".

Seit Urpilgerzeiten stellt die Achse Ibañeta/Roncesvalles für die Jakobspilger den frequentiertesten Pyrenäenübergang dar. Aus klimatischen Gründen verlegte man das große Pilgerhospital im Jahre 1132 von der Passhöhe an jenen geschützteren Standort, der sich bis heute erhalten hat und ausgelaugte Pilger unvermindert mit seiner Herberge aufnimmt.

Sehenswert im einstigen Augustinerkloster von Roncesvalles: die königliche Stiftskirche Santa María, das versilberte Zedernholzbildnis der Madonna unter ihrem prachtvollen Baldachin, der kleine Kreuzgang, der Kapitelsaal mit dem Pantheon des navarresischen Königs Sancho VII., des Starken, sowie die Schatzkammer mit einem silberverzierten Evangeliarium aus der Zeit um 1200 und dem „Schachspiel Karls des Großen", einem emaillierten Reliquienschrein aus dem Montpellier des 14. Jahrhunderts.

Öffnungszeiten: Kreuzgang und Schatzkammer von Roncesvalles sind täglich vor- und nachmittags zugänglich.

Lage und Anfahrt: Roncesvalles liegt 47 km und der Ibañeta-Pass 49 km nordöstlich von Pamplona, beide direkt an der Nationalstraße N-135. Aus Frankreich gelangt man vom Talstädtchen Saint-Jean-Pied-de-Port über Valcarlos zum Pass hinauf.

Besondere Tipps: Auf dem Ibañetapass atmet man unverbraucht frische Höhenluft und genießt prächtige Berg-und-Tal-Panoramen. Mitunter ziehen Regen-, Schnee- und Nebelvorhänge auf und führen vor Augen, warum bei widriger Witterung vom Kloster her einst die Signalglocken erklangen, um den Pilgern den rechten Weg zu weisen. Von der Ibañeta-Passhöhe führt ein schönes Wegstück hinab zum Kloster von Roncesvalles; unter Dächern von Buchenwäldern hindurch und über einen kleinen Bachlauf hinweg.

Vereinigung zweier Welten

Das tragische Ende eines Helden und ein strategisch günstiger Bergpass – das Zusammenspiel von Geschichte und Geografie hat Roncesvalles seinen Ruf und Mythos beschert. Ebendort, wo der sagenumwobene Ritter Roland am 15. August 778 den Tod fand, wogten Jahrzehnte und Jahrhunderte später die Wallfahrerströme über die Pyrenäen.

Die Pilger wussten um den geschichtsträchtigen Grund, in dem das Blut des Helden versickert war. Und sie wussten um das rettende Hospital, das sie nach den Strapazen und Gefahren des Aufstiegs aus dem Tal von Saint-Jean-Pied-de-Port jenseits des Passes von Ibañeta erwartete. „Roncesvalles vereinigt in sich zwei Welten", schreibt der spanische Camino-Forscher Millán Bravo Lozano, „das Pilgertum des Jakobswegs und den französischen Heldenzyklus."

Den Bekanntheitsgrad des Helden – und den der Stätte seines Todes – steigerte das Rolandslied, Chanson de Roland, das gegen 1080/1100 im Norden Frankreichs entstand und auf internationaler Ebene unendlich viele Werke in den unterschiedlichsten Versionen und Ausschmückungen nach sich zog. Um 1170 verfasste der Regensburger Pfaffe Konrad eine mittelhochdeutsche Version in Reimen, die bald große Bekanntheit erlangte.

Im Trennungsprozess von historischer Wirklichkeit und literarischer Fantasie bleibt festzuhalten, dass Roland im richtigen Leben Markgraf der Bretagne und laut Legende ein Neffe Karls des Großen war. Wer ihn hoch oben auf dem Ibañeta in die tödliche Falle lockte, bleibt im Dunkel der Geschichte verborgen: Muselmanen oder Basken oder gar ein Schlachtenbündnis beider Völker …

Der Bandit der Berge

Er hieß Pedro de Oyanederra, war hochgewachsen und schwarz gelockt, voll edlen Anstands und Herr eines mächtigen Gutshofs. Dort lebte er mit seiner Frau, seinen drei jungen Söhnen sowie Knechten und Mägden.

In einem langen, harten Winter erkrankte seine Frau. Von Tag zu Tag verließen sie die Kräfte, der Tod rückte näher. Als eines Abends Blitz und Donner über dem Gebirge lagen, spürte sie, dass es mit ihr zu Ende ging. Schweratmig verlangte sie nach Don Pedro.

Die Gutsherrin ruhte auf einem Lager aus Leinen und Wolle. Fest ergriff sie die Hand ihres Mannes.

„Mein edler Herr“, setzte sie mit zitternder Stimme an, „die Todesstunde ist nicht fern. So will ich mich von einer Last befreien, die ich Jahre in mir getragen habe.“ Sie hielt inne, seufzte und fuhr fort:

„Es hat sich vor Jahren zugetragen, aber erspart mir jetzt, Namen zu nennen. Ich habe Euch entehrt. Einer unserer Söhne ist nicht Euer Sohn.“

Pedro de Oyanederra durchfuhr es heiß und kalt. Er ließ ihre Hand fallen, Wahn trat in seine Augen.

„Wer?“, schrie er. „Wer war es? Und wer ist nicht mein Sohn?“ Bevor sie antworten konnte, stürmte er hinaus, stieß die herbeigelaufenen Mägde zur Seite und rannte in die Kammern der Kinder.

„Kommt mit! Kommt mit zu Eurer Mutter!“, brüllte er verstört. Entgeistert blickten ihn die Jungen an, standen schlaftrunken auf und folgten ihm. Wie Vieh trieb er die drei Gestalten vor sich her.

Die Gutsherrin hielt die Lider gesenkt und nahm alles nur schemenhaft wahr.

„Wer?", tobte der Gutsherr wie von Sinnen. „Welcher von ihnen ist nicht mein Sohn?" Die kraftlose Frau brachte keine Silbe über die Lippen.

Wie angewurzelt verharrten die Mägde in der offenen Tür, als Pedro de Oyanederra den Kindern einen Strick um den Hals und die Handgelenke legte und sie an einen metallenen Pfosten fesselte. Versteinert standen die Kleinen dort, voller Angst schauten sie abwechselnd auf den reglosen Körper ihrer Mutter und auf Don Pedro, der gänzlich dem Irrsinn verfallen schien.

„Welcher von ihnen ist nicht mein Sohn?", schrie er noch einmal. Seine Frau schwieg.

Er nahm eine Fackel und steckte das Lager in Brand. Die Gutsherrin und ihre Kinder verbrannten bei lebendigem Leib. Mägde und Knechte verfolgten, wie ihr Herr in die Stallungen stürmte, ein Pferd ergriff und hinaus in die gewittrige Nacht galoppierte. Es war das letzte Mal, dass sie ihn sahen.

Von den Richtern Pamplonas wurde Pedro de Oyanederra in Abwesenheit zum Tode verurteilt. Auf den Dorfplätzen der gesamten Gegend rief man seinen Namen aus. Wer ihn stellte, hieß es, dürfe keine Gnade walten lassen. Der Gesuchte blieb verschwunden. Allein und ziellos durchstreifte er die Gebirge. Aus dem wohlgenährten Gutsherrn wurde eine robuste, knochige Gestalt, aus seinen schwarzen Locken eine strohige Mähne, aus einem sittsamen Noblen ein Rechtsbrecher. Aus Pedro de Oyanederra wurde Azeari Sumakilla, der Bandit der Berge.

Im Laufe der Zeit scharte Azeari Sumakilla zwei Dutzend Gefährten um sich: vom Wegelagerer bis zum Mörder, vom übergelaufenen Mauren bis zum desertierten Soldaten. Jahrelang versetzte die skrupellose Bande zahlreiche Dörfer, Burgen und Pilger in Angst und Schrecken.

Zu jener Zeit lebten auch die Bewohner Pamplonas in ständiger Sorge und fürchteten sich vor den Angriffen der Franken.

An der Spitze von Pamplonas stark bewehrter Altstadtburg Navarrería stand Don García, von frühester Jugend an Pedros bester Freund. García konnte nicht verhindern, dass die Seinen durch Intrigen und Hinterhalte herbe Verluste erlitten. Nach verstärkten Truppenaufzügen der Franzosen schien der entscheidende Angriff unmittelbar bevorzustehen. In seiner Not erinnerte sich García an den alten Gefährten Pedro, dem er einmal das Leben gerettet hatte. Und Pedro hatte geschworen, auch ihn einmal aus einer brenzligen Lage zu befreien.

„Nur Azeari Sumakilla kann uns helfen", sagte García. „Für die Dauer der Kämpfe werde ich ihm und seinen Gefährten Straffreiheit zusichern und ungehinderten Abzug zurück ins Gebirge. Wenn ihm Ehre noch etwas bedeutet, entsinnt er sich seiner Schuld und wird kommen."

García schickte einen berittenen Boten aus in die Bergwelt, um dem Banditen seinen Hilferuf zu überbringen. Er wurde von Azearis Leuten erspäht, gestellt und zu ihm geführt. Azeari Sumakilla hielt Wort und brach mit seiner wilden Horde nach Pamplona auf. Sie ließen die Pferde weit vor der Stadt zurück und pirschten sich an. Vom Pilgerweg aus schleuste sie der Bote durch einen geheimen Zugang in die Navarrería-Burg. Azeari und García sahen sich wieder. Sie wussten, dass das Licht ihrer Freundschaft trotz allem nicht erloschen war.

In der folgenden Nacht griffen die Franzosen an. Feuer brachen aus, Steinbrocken gingen nieder. Die Krieger versuchten die Navarrería zu stürmen, hatten jedoch nicht mit einer solch heftigen Gegenwehr gerechnet. Die kampferprobten Männer Azearis stellten sich den Feinden mit tödlicher Kraft entgegen und zwangen diese zum Rückzug.

Nach dem Kampfgetümmel stieg Azeari hinauf in eines der Turmzimmer, in das Garcías Schwester geflüchtet war. García war noch nicht da.

„Ist es endlich vorbei?", fragte sie mit zittriger Stimme.

„Ja, wir haben sie in die Flucht geschlagen", sagte Azeari triumphierend.

„Und mein Bruder? Lebt er?"

„Warum sollte er nicht mehr leben? Er wird sofort kommen", beruhigte er sie.

„Wisst Ihr, Herr, er hat heute nicht sein Amulett getragen, das ihm immer Glück gebracht und ihn schon einige Male vor dem sicheren Tod bewahrt hat."

„Was für ein Amulett ist es?", fragte Azeari beiläufig.

„Ein goldenes Amulett mit dem heiligen Jakobus. Kurz nach Eurer Ankunft hat er es mir zugesteckt und seitdem nicht bei sich gehabt."

„Kann ich es sehen?", fragte er misstrauisch.

„Ich weiß nicht, ob mein Bruder einverstanden wäre. Aber gut, hier ist es."

Sie zog ein wunderschön gearbeitetes Amulett hervor, dessen Gold im Schein der Fackel glänzte. Azeari nahm es, legte es prüfend in die Hand und schaute es von allen Seiten an. Plötzlich war ihm, als schnürte ihm jemand die Kehle zu. Der alte Wahn schoss in ihm auf.

„Wisst Ihr, woher es stammt?", fragte er stockend.

„Oh Herr, vor vielen Jahren, als wir Euch öfters hier auf der Burg empfangen durften, brachte er es von einer seiner Schlachten mit."

„Wisst Ihr es nicht?", wiederholte er. „Wisst Ihr es wirklich nicht?"

Dann ließ der Bandit der Berge einen lang gezogenen Schrei los, der durch alle Mauern hallte. García stürmte in den Turm hinauf und hielt instinktiv vor der Tür inne.

„Mein Amulett, mein Amulett!", stieß Azeari drinnen hervor und bebte vor Zorn. „Ich war es, der es einst meiner Frau schenkte. Und er hat es von ihr! García war es, der mich entehrt hat! Zum Teufel mit ihm!"

Vor der Tür zuckte García zusammen, flüchtete durch den Geheimschacht und rannte hinaus in die stockdunkle Nacht.

Azeari Sumakilla wartete bis zum Morgengrauen und nahm die Verfolgung Garcías auf. Es war ein Leichtes, seinen Fußspuren zu folgen. Als sie ihn stellten, wusste der Erschöpfte, dass es kein Entrinnen und keine Gnade gab. García stand reglos dort, als sich Azearis Gefährten daranmachten, sein Grab auszuheben. Zum Schluss stieg er, wie von fremder Hand gelenkt, hinab in den Erdschacht. Man füllte den Hohlraum mit Kies und Lehm auf und ließ nur Garcías Kopf hervorschauen. Dann begannen sie, den verlogenen Ehebrecher zu steinigen. Am Ende gebot Azeari Sumakilla den Seinen Einhalt, wog einen besonders schweren Steinbrocken in der Hand und sagte:

„Denkt nicht, dass ich Rache nehme. Nein, denkt das nicht. Ich richte nicht meinen guten alten Freund García. Ich töte nur mein zweites Ich. Ich hoffe, dass man Azeari Sumakilla die Sünden vergibt. Das hoffe ich, Pedro de Oyanederra, Herr der Berge!" Dann holte er aus und zertrümmerte den Schädel Garcías. Kurz darauf fiel die Navarrería.

Pamplona

Geschichte und Gegenwart: Im Mittelalter brannte der Boden in der alten Römerstadt. Pamplonas Gegnerschaft splitterte sich in zwei Lager und drei Stadtburgen. Während die altangestammten Spanier auf der Navarrería-Burg lebten, ließen sich zahlreiche französische Kaufleute, Handwerker und Händler auf den benachbarten Burgen San Nicolás und San Saturnino nieder; die lukrativen Geschäfte am Jakobsweg hatten die Franken über die Pyrenäen gelockt.

Im Jahre 1276 wurde die Navarrería-Burg zerstört, was der Geschichte um Azeari Sumakilla einen deutlichen historischen Bezugspunkt gibt. 1423 führte Navarras Monarch Carlos III., el Noble, die drei Burgen durch das „Sonderrecht der Vereinigung" zusammen. Im einstigen Niemandsland wurde das Rathaus erbaut, eine moderne Bodenplatte auf dem Vorplatz legt Zeugnis von der vormaligen „Dreiburgenstadt" ab.

Friedensstifter Carlos III. und seine Gemahlin Leonor de Trastámara liegen im Mittelschiff der großen gotischen Kathedrale Santa María begraben, die über einem romanischen Vorläufer im Navarrería-Viertel entstand und Ende des 18. Jahrhunderts als stilfremden Vorbau eine klassizistische Hauptfassade erhielt. Den gleichnamigen Stadtteilkirchen San Nicolás und San Saturnino sieht man noch heute den Wehrcharakter an.

Lage und Anfahrt: Pamplona, Hauptstadt Navarras, breitet sich in einem Vorgebirgstal der Pyrenäen am Río Arga aus und wird komplett vom Jakobsweg durchzogen. Der *Camino de Santiago* trägt die Pilger durch das *Portal de Francia* in den imposanten Mauergürtel hinein und führt den Stadtkerns verlassend an der Zitadelle vorbei.

Besondere Tipps: Ein Kathedralbesuch lohnt allein wegen des gotischen Kreuzgangs mit seinem filigranen Maßwerk, im Innenraum der Kirche San Nicolás schreitet man über hölzerne Grabeinlassplatten, in der Kirche San Saturnino verströmt die Kapelle Virgen del Camino barocken Prunk.

Auf einen Märtyrer aus römischen Zeiten gründet sich Spaniens größte Fiesta, die alljährlich vom 6. bis 14. Juli satte 204 Stunden am Stück steigt: San Fermín. Er stammte aus Pamplona und fand Ende des 3. oder zu Beginn des 4. Jahrhunderts im französischen Amiens ein gewaltsames Ende, 1186 wurden seine Reliquien in die Heimat überführt. Die weltberühmten Stierauftriebe durch die Altstadt und die exzessiven Besäufnisse locken Heerscharen aus aller Herren Länder an und machen Ernest Hemingways einstige Fiestafreuden verständlich, stehen jedoch außerhalb jeglicher Beziehung zum Heiligen ...

Der Teufel in der Sierra del Perdón

Flirrende Hitze stand über Cizur, als eines Mittags ein Pilger sein Bündel aufnahm und sich in Bewegung setzte. Trotz der Sommerglut und der fortgeschrittenen Tageszeit glaubte er, es bis Puente la Reina schaffen zu können. Dazwischen jedoch lag die Sierra del Perdón, ein zerfurchter Gebirgszug, der stets an den Kräften der Wanderer zehrte.

Vor ihm dehnte sich der lange beschwerliche Anstieg aus, der ihn vorbei an vertrocknetem Strauchwerk durch Guenduláin und Zariquiegui trug. Sein Schritt wurde schwer und schwerer, das Gepäck drückte, seine Beine sackten zusammen. Unter einem großen Busch sank er nieder. Die knorrigen Zweige warfen spärlich Schatten. Er war gänzlich erschöpft, erschlagen, ausgedörrt.

„Ich muss mich erfrischen!", dachte er und fuhr sich mit der Zunge über die spröden Lippen. Er griff zum Trinkkürbis – doch er war leer! Verzweifelt schaute er sich um. Er spitzte die Ohren, um eine gluckernde Quelle zu hören.

Nichts. Stille und Staub. Staub und Stille.

Er verspürte quälenden Durst wie nie zuvor im Leben. Plötzlich näherte sich eine seltsame Gestalt.

„Wasser!", verlangte der Pilger. „Gebt mir Wasser, bitte, ich flehe Euch an!"

„Oh", entgegnete der Unbekannte, „zufällig kenne ich eine Quelle, ganz in der Nähe, aus der das kühlste und klarste Wasser der ganzen Gegend perlt. Ich führe Euch gerne hin, wenn Ihr wollt, Bruder, aber ..."

Er unterbrach, hielt inne und setzte ein hinterlistiges Lächeln auf. „Einen kleinen Lohn müsste Euch die Sache wert sein, oder nicht?"

„Nehmt, was Ihr wollt, aber bringt mich zur Quelle. Bitte, macht schnell!"

„Ich rede nicht von Geld, mein Bruder, sondern von Eurer Seele und der Absicht zum Grab des Apostels zu reisen. Ich erlöse Euch von den Qualen, dafür ..."

Da wurde dem Pilger klar, dass niemand anders als der leibhaftige Teufel vor ihm stand.

„Niemals!", schrie er aus letzter Kraft.

„Dann wird Euer letztes Stündchen nicht fern sein!", stieß der Teufel böse hervor und verschwand.

Dieser steinerne Pilger ist vor Durst und jeglicher Versuchung gefeit.

Unbeweglich verharrte der Pilger im Staub, zu schwach, um sich gegen sein Schicksal zu stemmen. Als sich Dämmerung über das Gebirge senkte, fühlte er, wie sein Leben erlosch. Plötzlich vermeinte er, eine Gestalt zu erblicken. In verschwommenen Bildern kam sie daher. Er kniff die Augen zusammen, um den Konturen Schärfe zu geben. Es war ein einsamer Mann mit breitkrempigem Hut und Pilgerumhang. Der Fremde ging neben ihm in die Knie, nahm ihn auf und trug ihn voran bis zur Quelle. Dort setzte er den Pilger behutsam ab und zog eine herrliche *vieira*, eine Jakobsmuschel, hervor. Er füllte sie mit frischem Wasser, setzte sie an seinen Mund und gab ihm zu trinken.

Niemand sprach ein Wort. Stumm dankte der aufrechte Pilger dem Fremden, der im letzten Moment zu Hilfe geeilt war: *Santiago*, der heilige Jakobus.

Sierra del Perdón

Landschaft: Die Sierra del Perdón trennt das Vorpyrenäenbecken Pamplonas vom fruchtbaren Landstrich Valdizarbe und erreicht eine Höhe von rund 800 Metern. Über den Gebirgszug verteilen sich zahlreiche Windräder. Karge Flanken wechseln sich mit Waldinseln ab.
Lage und Anfahrt: Knapp 15 km südwestlich von Pamplona. Auf dem Weg nach Puente la Reina windet sich die Nationalstraße N-111 über die Passhöhe Alto del Perdón (734 Meter), während der beschwerliche Pilgerpfad ein Stück versetzt über Zariquiegui verläuft und Richtung Uterga abfällt.
Besondere Tipps: Auf der Passhöhe der Nationalstraße führt ein ausgeschildertes Sträßchen höher in die Sierra del Perdón und an jene Stelle, wo der steinige Camino den Asphalt kreuzt. Genau dort erhebt sich ein Bronzedenkmal mit lebensgroßen Pilgerfiguren, die samt Packtieren gegen den Wind ankämpfen. Außerdem: lohnende Blicke über Berg und Tal.

Ein Vöglein, das die Jungfrau putzte

Auf dem höchsten Bogen der Pilgerbrücke von Puente la Reina stand einst ein Türmchen mit einem Bildnis der Jungfrau Maria. Wer immer an ihr vorbeizog, sprach ein Gebet und bat um ihren Schutz. Der kleine Steinaufsatz war überdacht, aber von allen Seiten offen und Wind und Wetter unterworfen. Auf der Brückenheiligen setzte sich allmählich ein Belag aus Staub und Schmutz ab.

Eines Tages tauchte ein Vögelchen auf, das sich ein ums andere Mal zur Jungfrau gesellte und sich stundenlang mit seinem Schnabel an ihr zu schaffen machte. Angelockt von dem seltsamen Miteinander, kamen einige Dörfler hinzu und sahen, wie das Vöglein die Jungfrau in versunkener Hingabe säuberte. Es pickte kleinste Partikel aus ihrem Gesicht und rieb Schnabel und Federkleid unermüdlich am Stein. Gelegentlich flog es davon, nahm frisches Wasser aus dem Arga auf und setzte seine Prozedur fort.

Im Volksmund nannte man den gefiederten Besucher *txori*, der baskische Name für Vöglein. Wann immer es hieß „Der *txori* ist wieder da“, lockte das Schauspiel eine steigende Zahl von Leuten auf die Brücke. Die Gläubigsten unter ihnen stimmten Lobpreisgesänge an und beteten den Rosenkranz bis in die Dunkelheit.

Der Ruf des *txori* weitete sich aus. Fand er sich aufs Neue ein, machte Glockengeläut auf das Ereignis aufmerksam, worauf sich eine von Stadt- und Kirchenoberen angeführte Prozession in Gang setzte. Unbeirrt von Lärm und Zuschauern ging das Vöglein seinem emsigen Reinemachen nach, bis das Bildnis in altem Glanz erstrahlte.

Manchmal blieben die Besuche des *txori* für längere Zeit aus, dann kehrte er zur Freude der Bewohner unverhofft wieder und zeitigte festliche Zeremonien.

Berühmtes Wahrzeichen des Camino:
die romanische Brücke von Puente la Reina.

Mit der Ankunft des Vögleins wähnte man sich und die Zukunft der Seinen stets unter einem guten Stern.

Während des Ersten Karlistenkrieges blieb die Gegend um Puente la Reina nicht von den Kämpfen verschont. Als ein General der María-Cristina-Truppen in das Städtchen einzog und von der Verehrung des *txori* erfuhr, machte er sich über den Glauben der Einheimischen lustig und verbot sogleich sämtliche Festakte. Er ließ ein anderes Vögelchen fangen, trommelte die Bürger auf der Brücke zusammen und sprach mit ironischem Unterton:

„Sicher ist euer Vöglein ohne eure Feiern traurig gestimmt und braucht ein bisschen Unterhaltung. Seht, hier habe ich ein zweites, das zu ihm fliegen und ihm Gesellschaft leisten wird." Der General öffnete die Hand. Statt zur Jungfrau zu flattern, schwirrte das zweite Vögelchen unter den erstaunten Blicken der Soldaten auf und davon.

Es dauerte nicht lange, bis der General den Karlisten in die Hände fiel. In Puente la Reina griff die Nachricht wie ein Lauffeuer um sich. Nicht wenige sprachen von einer gerechten Strafe Gottes für all jene, die es wagten, über den *txori* zu spotten.

Jahre später entschloss man sich, die heilige Jungfrau nicht ewig den klimatischen Unbilden ausgesetzt zu lassen. Man suchte einen neuen Standort aus. Die Wahl fiel auf die benachbarte Iglesia de San Pedro. Eine feierliche Prozession begleitete das Marienbildnis in die Kirche, wo es einen neuen Platz fand. Bald baute man das Schutztürmchen auf der romanischen Brücke ab. Es kam, wie es kommen musste. Der *txori* ward seitdem nicht mehr gesehen.

Puente la Reina

Geschichte und Gegenwart: Seit annähernd 1000 Jahren fluten die Wallfahrerströme über die romanische Brücke, die dem Ort seinen Namen gab: *Puente la Reina*, „Brücke der Königin", gestiftet von Navarras Monarchin Doña Mayor, um den Jakobspilgern das Fortkommen zu erleichtern. In sechs Bögen spannt sich die Steinbrücke über den Arga und gilt vielen als schönste am gesamten Jakobsweg. An windstillen Tagen steht ihr Spiegelbild im Fluss. Auf der Brücke erinnern Einlassmarken an den einstigen Türmchenaufsatz und das Bildnis der heiligen Jungfrau, das man Mitte des 19. Jahrhunderts in die Kirche San Pedro verlegte.

Ein kleiner bronzener Jakobus kündigt zu Ortsbeginn an: Hier vereinen sich die großen Achsen der Jakobswege, die von den Pyrenäenpässen Somport und Ibañeta her zulaufen. Kein Wunder, dass blühendes Pilgerleben von alters her das Bild bestimmt. Innerorts zieht sich der Weg an den Kirchen Crucifijo und Santiago vorbei zur Brücke und wird von wappenverzierten Häuserfronten der Altstadt malerisch eingeschnürt.

Im historischen Umfeld von Kriegen

Als historischer Anhaltspunkt für die legendäre „Vögelchen-Episode" aus dem Ersten Karlistenkrieg gilt das Jahr 1834. Nach dem Tod von Ferdinand VII. standen sich zu jener Zeit die Anhänger von Ferdinands Bruder Karl sowie die der Regentin María Cristina (für ihre minderjährige Tochter Isabella) mit unnachgiebiger Härte gegenüber. Auf den Ersten Karlistenkrieg 1833-1839 folgten im Laufe des 19. Jahrhunderts ein zweiter und ein dritter.

Lage und Anfahrt: Puente la Reina liegt knapp 25 km südwestlich von Pamplona im fruchtbaren Landstrich Valdizarbe, direkt an der Nationalstraße N-111.

Besondere Tipps: Die *Iglesia del Crucifijo,* um 1200 von den einflussreichen Templern gegründet, steckt voller Eigenarten. Ein Bogen verbindet sie mit dem alten Pilgerhospital, das Innere unterteilt sich in zwei gleichförmige Parallelschiffe. Im rechten Schiff verehrt man ein Bildnis der *Santa María de las Huertas* (Replikat einer romanischen Marienskulptur, Schutzheilige der Obst- und Gemüsegärten), im linken ein Christuskreuz aus dem 14. Jahrhundert. Mit seiner „Y"-Form symbolisiert das Kreuz den Baum des Lebens und soll – einer weiteren Legende zufolge – auf den Schultern deutscher Pilger vom Rheinland nach Puente la Reina getragen worden sein.

Einen neuerlichen Halt am Wege verdient die *Iglesia de Santiago,* in deren romanischem Stufenportal sich maurische Einflüsse zeigen. Im Innern fühlt man sich vom barocken Retabel erschlagen, bescheidener kommt die Skulptur des *„Schwarzen Jakobus"* daher.

Das Geheimnis des Bischofs von Patras

Aus der griechischen Stadt Patras begab sich einst ein Bischof auf Pilgerschaft nach Santiago. Im Einvernehmen mit dem örtlichen Klerus nahm er eine Reliquie des heiligen Apostels Andreas mit, der in Patras den Tod am Kreuz gefunden hatte. Zusammen mit einem Schriftstück, das ihren Ursprung und die Echtheit bestätigte, bewahrte er die Reliquie in einem Holzkästchen auf und wollte sie Jakobus als Gabe darbringen. Er war allein unterwegs und nahm schier unmenschliche Strapazen und Tagesstrecken auf sich. Aus Furcht vor Wegelagerern verbarg er seine wahre Identität und wirkte wie ein gewöhnlicher armer Pilger. Das Behältnis mit dem wertvollen Inhalt hielt er stets gut versteckt.

Nach langen durchwanderten Monaten überquerte der Bischof die Pyrenäen und merkte, wie seine Kräfte allmählich schwanden. Er fühlte sich leer und ausgezehrt und sehnte eine längere Rast herbei. In Estella suchte er das *Hospital de San Nicolás* auf, doch sein gebrechlicher Körper war dem Tode geweiht und fiel zusehends in sich zusammen. Er brachte keinen Ton mehr über die Lippen.

Nach einigen wenigen Tagen entschlief er, ohne dass jemand von seiner Herkunft noch von seinem Schatz erfahren hatte. Ohne viel Aufhebens setzte man den Unbekannten in seiner durchlöcherten Pilgerkluft und mit seiner spärlichen Habe auf dem Friedhof der Kirche San Pedro de la Rúa bei.

In der Nacht darauf schreckte den Küster ein mysteriöses Leuchten aus dem Schlaf. Er ging dem gleißenden Schimmer nach und erbleichte, als er über dem Grab einen taghellen Strahlenkranz sah, der in die Augen stach. Hatte ihn seine Fantasie übermannt? Waren es Wahngebilde? Oder stand gar ein himmlisches Licht über der frischen Begräbnisstätte?

Der Küster behielt das Geheimnis für sich und wartete die kommende Nacht ab, in der sich das Schauspiel wiederholte. Nun verständigte er den Pfarrer, der in der dritten Nacht gleichfalls Zeuge des wundersamen Phänomens wurde und sich entschloss, das Grab am Morgen zu öffnen.

Wie groß war ihr Erstaunen, als sie aus der alten Kleidung und dem Bündel des Fremden einen Bischofsring, bestickte Handschuhe und das vergoldete Stück eines Bischofsstabes ans Licht brachten! Als der Pfarrer das hölzerne Kästchen öffnete, fiel er auf die Knie und dankte Gott. Anhand des mitgeführten Schreibens machte ein Schriftkundiger unzweifelhaft ausfindig, dass es sich um eine Reliquie des heiligen Apostels Andreas handelte.

Man legte den Verstorbenen zurück ins Grab, ließ eine Steinplatte mit seinen Insignien fertigen und stellte den Reliquienschrein in der Kirche San Pedro de la Rúa aus. Hier genoss er fortan die Verehrung der einheimischen Gläubigen und aller Jakobuspilger. Jahrhunderte später entschieden sich Estellas Autoritäten, den heiligen Andreas zum städtischen Schutzpatron zu erheben und ihm alljährlich Anfang August die *Fiestas Patronales de San Andrés* zu widmen. Am Abend des ersten Festsonntags, so erzählt man sich, wechselte der Himmel urplötzlich die Färbung. Über dem Turm der Kirche San Pedro de la Rúa erhob sich ein riesiger Lichtdom, durchsetzt von den schillerndsten Regenbogenfarben, und mit ihnen die Gestalt eines schrägbalkigen Kreuzes: das *Cruz de San Andrés,* das Andreaskreuz.

Estella

Geschichte und Gegenwart: Estella, die vorrömische baskische Siedlung Lizarra, wurde Ende des 11. Jahrhunderts offiziell gegründet und fungiert seitdem als bedeutende Station am Jakobsweg. Im Mittelalter brachte es die Stadt auf nicht weniger als 21 Kirchen, von denen sich so wichtige wie Santo Sepulcro (Abendmahlrelief) und San Miguel (Nordportal mit Spitzbögen und Pantokrator) über die Zeiten gerettet haben. Auffällig an der romanisch-gotischen Iglesia de San Pedro de la Rúa: der schlanke Wehrturm, das maurisch inspirierte Hauptportal sowie die Kreuzgangreste mit einem Ensemble aus vier ineinander verdrehten Säulen als „Unterschrift" des Bildhauermeisters. Weit oberhalb der Stadt steigt man zum modernen Sanktuarium Nuestra Señora del Puy auf, das ein Bildnis der lokalen Schutzpatronin beherbergt.

In der Kirche San Pedro de la Rúa erinnern die Andreas-Kapelle aus dem 16. und eine Skulptur aus dem 19. Jahrhundert an den Apostel, auf Kapitellen im romanischen Kreuzgang verfolgt man sein Martyrium.

Seit 1626 steht das Patronatsfest Anfang August im Zeichen des heiligen Andreas. Heute geht die Fiesta mit Tanz und Musik sowie Umzügen von Giganten- und Großkopfpuppen (*gigantes y cabezudos*) einher.

Ein halber Kreuzgang und ein Bischofsgrab

Der Bischof von Patras, dessen Name nicht überliefert ist, soll in der zweiten Hälfte des 13. Jahrhunderts nach Santiago gepilgert sein. Einige Historiker setzen sein Todesjahr in Estella um 1270 an. Bestattet wurde er im Kreuzgang der Kirche San Pedro de la Rúa. Der Kreuzgang diente üblicherweise als Friedhof und wurde Ende des 16. Jahrhunderts schwer in Mitleidenschaft gezogen. Die von Spaniens König Philipp II. angeordnete Sprengung der oberhalb gelegenen Burg riss Teile der reich dekorierten Säulengalerie weg. Der kuriose „halbe Kreuzgang" hat sich ebenso erhalten wie das Bischofsgrab.

Welche Art von Andreas-Reliquie der Bischof von Patras einst mitgebracht haben mag, verschweigt die Legende. Manche Forscher vermuten ein Stück Schulterblattknochen; 1979 wurde die Reliquie Opfer eines Diebstahls. In jüngster Zeit ist über den Umweg Rom eine andere Andreas-Reliquie nach Estella gelangt, mutmaßlich ein Teil des Schädels. Ein lokaler Holzkünstler wurde mit der Fertigung eines neuen, aufwändigen Schreins beauftragt.

Über den Río Ega betritt der Pilger die Kirchenstadt Estella.

Lage und Anfahrt: Estella liegt am Río Ega, 44 km südwestlich von Pamplona; Abzweig ins Stadtinnere ab der N-111.

Besondere Tipps: Unterhalb der Kirche San Pedro de la Rúa residierten die Könige von Navarra in ihrem romanischen Palais (*Palacio de los Reyes de Navarra*). In der Außenansicht des Palastes heben sich kuriose, detailverliebte Kapitelle ab. Ein Esel spielt Harfe, ein Höllenkessel wartet auf zwei Geizhälse, Roland kämpft gegen den Riesen Ferragut.

Hinter Estella führt der *Camino de Santiago* durch Ayegui zum einstigen Benediktinerkloster von Irache. Unmittelbar am Pilgerweg streift man einen modernen Werbegag der *Bodegas Irache*: die *Fuente del Vino*, eine wahrhaftige „Weinquelle", bei der im Hahnumdrehen Rebensaft kostenlos hervorsprudelt. Verfolgt von einer Webcam und mit dem Hinweis versehen, nur ein einziges Schlückchen und keinesfalls mehr zu kosten ...

Kapitelle am romanischen Königspalast von Estella zeigen Rolands Kampf auf Leben und Tod mit dem Riesen Ferragut (vgl. Seite 73).

Das rätselhafte Kreuz von Monjardín

Wie ein Adlerhorst saß die Festung dem vulkangleichen Kegel von Monjardín auf und schien uneinnehmbar. Lange schon hielten sich die Sarazenen auf dem Kastell verschanzt und hatten jedwede Attacken der christlichen Heere abgewehrt, bis Navarras Herrscher Sancho Garcés I. eines Tages auf wundersame Weise ein Kreuz entdeckte. Er nahm es an sich und deutete es als Beweis des göttlichen Schutzes.

Unter dem Zeichen des Kreuzes rüstete der König zum entscheidenden Angriff, versteckte allerdings das Kruzifix, damit es im Fall einer Niederlage nicht dem Feind in die Hände fiele. Sancho verstärkte seine Armee, wartete den Neumond ab und schickte mehrere Einheiten an verschiedene Seiten des Burgbergs. Im Schutz der Nacht schlichen sie sich auf verschlungenen Pfaden mit Waffen und zahlreichen Leitern aufwärts. Der kräftezehrende Anstieg verlangte nach Pause und Proviant, ehe Sancho seine Mannen in Stellung brachte. Er ließ zum Sturm auf den Mauerring blasen und eine Leiter nach der anderen anlegen, auf denen die Vortrupps Gänge und Zinnen erkletterten. Mann gegen Mann kämpften sich die christlichen Streiter vor, bis die Felsenburg fiel und der Sieg erstritten war. Der König dankte Gott, dem Herrn, und dem Kreuz.

Als sich Friede über Monjardín legte und König Sancho Garcés I. im Kampf gegen die Mauren längst andere Schlachtfelder aufgesucht hatte, streifte eines Tages ein Hirte über die Hänge. Er suchte neue fruchtbare Weidegründe für seine Ziegen. Plötzlich trennte sich eines der Tiere von der Herde, trabte fort und blieb an einem Wacholderstrauch im Schatten einer Steineiche stehen.

Aus der Ferne verfolgte der Hirte das sonderbare Verhalten der Ziege, die still vor dem Gesträuch verharrte. Er rief sie und pfiff, schnalzte mit der Zunge, klatschte in die Hände, schlug mit seinem Stab gegen den Fels. Das Tier war durch nichts zum Aufbruch zu bewegen.

„Was für ein störrisches Biest", murmelte der Hirte verärgert, „wirst sehen, was du davon hast." Er durchwühlte die Tasche, packte eine Steinschleuder aus und legte an. Der Brocken verfehlte knapp sein Ziel und flog in den Strauch. Erschreckt stob die Ziege ein Stück davon.

Als er ein zweites Geschoss nachlegen wollte, hielt er inne. War der Stein nicht mit einem sonderbaren Laut aufgeschlagen ...?

„Mal sehen, was wir da haben", sagte der Hirte. Im Schutz des Busches vermutete er ein Vogelnest oder den Bau eines Nagers. Vorsichtig schob er die stachligen Zweige beiseite.

Er erschrak. Inmitten von Blättern und Beeren lag ein herrliches kleines Kreuz. Ein Abdruck am Balken verriet seinen Treffer.

Der Hirte war verwirrt und bestürzt zugleich und wusste um seinen Fehler. Er hatte seinen Stein gegen das Kreuz geschmettert! „Großer Gott, verzeih mir!", flehte er. „Wäre vor dem Wurf nur mein Arm gelähmt gewesen!" Sofort bemerkte er einen starken Schmerz.

Sein rechter Arm versteifte sich. So sehr er sich mühte, von der Schulter bis in die Fingerspitzen blieben Sehnen und Muskeln unbeweglich.

Angsterfüllt fuhr er aus dem Strauch zurück und stürzte hinab zum Palast seines Herrn, eines edlen Ritters derer von Medrano. Als dieser die Kunde hörte, hatte er keine Ohren für das Leid des Hirten und fürchtete, jemand anders könne ihm den Fund streitig machen. Unverzüglich ließ er sich zum Wacholderstrauch führen. Überwältigt nahm er das Kreuz auf und sprach ein Gebet. Im selben Augenblick spürte der Hirte, wie die Lähmung seines Arms nachließ. Er konnte ihn wieder bewegen.

Im prächtigsten Salon seines Palais gab der Ritter dem Kreuz einen Ehrenplatz. Am Abend wollte er sich zum Gebet zurückziehen und fand die Stelle leer vor. Er wartete bis Tagesanbruch und machte sich auf den Weg zum Wacholderstrauch. Als er das Kreuz unversehrt vorfand, glaubte er die göttliche Mahnung begriffen zu haben. Mit seinen sündhaften Händen hatte er das Kreuz berührt, war es nicht so? Rasch verständigte er den Klerus, der das Volk zu einer Prozession zusammenrief und das Kreuz unter feierlichen Gesängen in den Palast brachte. Dort bekam es denselben Platz im Salon.

In den Ruinen der Burg Villamayor de Monjardín.

Groß war die Sorge des Ritters, als das Kreuz am Abend erneut verschwunden war.

Doch am Morgen darauf fand er es im Wacholder wieder. Nun hatte er das Signal endlich verstanden. An selber Stätte ließ er eine Kapelle zu Ehren des Kreuzes errichten.

Einige Zeit später, als man König Sancho Garcés I. im Kloster San Salvador de Leyre zu Grabe trug, ereignete sich ein weiteres Wunder. Auf einmal war es wieder zugegen: das rätselhafte Kreuz von Monjardín.

Villamayor de Monjardín

Geschichte und Gegenwart: Aus dem Grün des Gipfels von Monjardín ragen nach wie vor die weithin sichtbaren Reste jener Burg, die Navarras König Sancho Garcés I. zu Beginn des 10. Jahrhunderts den Mauren entriss. Später gab man der Festung den Namen San Esteban. Heute liegt das Felsenkastell einsam und verlassen in Ruinen. Steht das Eisengitter am Eingang zufällig offen, streift man an pflanzenübersäten Mauern und dunklen Einstiegen entlang zu Räumen, die vom Einsturz bedroht scheinen. Hier ist äußerste Vorsicht geboten, das Ambiente einen Gruselstreifen wert! Zugang zur Festung ohne Gewähr!

Das in der Legende aufgefundene Kreuz wird in Verbindung mit jenem gebracht, das die *Iglesia de San Andrés* im Ortskern Villamayors beherbergt: das Cruz de Monjardín, ein silbernes romanisches Prozessionskreuz.

Lage und Anfahrt: Im Schatten des Burgbergs und in weitläufige Weinfelder eingefasst, breitet sich das Örtchen Villamayor de Monjardín 53 km südwestlich von Pamplona aus; ausgeschilderter kurzer Abzweig ab der Nationalstraße N-111.

Ab Villamayor de Monjardín windet sich in kilometerlanger Schleife und bis kurz vor die Festungsruinen ein breiter Erdweg hinauf, der allenfalls für robuste Fahrzeuge geeignet ist; Wanderer haben kein Problem.

Besondere Tipps: Südwestlich von Villamayor de Monjardín wellt sich der *Camino de Santiago* durch Weingärten der Rioja entgegen. Als lohnende Wegstationen bis Logroño stechen *Torres del Río* (romanische Iglesia del Santo Sepulcro mit maurisch anmutendem Kuppelstern) und *Viana* (kleine Altstadt mit gotischer Kirche Santa María und dem Grab des italienischen Renaissancefürsten Cesare Borgia) hervor.

Roland und der Riese Ferragut

Er besaß die Kraft von vierzig Männern und sah Furcht erregend aus. Über seinen dunklen muskelgestählten Körper zog sich ein Haarpelz, unter seinen buschigen Brauen blitzten die Augen gefährlich hervor. Die Größe seiner Nase nahm eine Handspanne ein, jeder Finger maß eine halbe Elle. Niemand hatte ihn je besiegt. Man nannte ihn Ferragut und er war ein muslimischer Riese, von Syrien nach Spanien ausgesandt, um an der Spitze einer Streitmacht gegen die Heere Karls des Großen zu kämpfen.

Ferragut hielt sich mit seinen Männern in der Festung von Nájera verschanzt. Als die karolingischen Truppen anrückten, schickte er einen Boten aus und unterbreitete dem Frankenkönig einen Vorschlag. Er, Ferragut, forderte Karls beste Männer zum Zweikampf. Der Monarch willigte ein, doch wen er auch aussandte, Ferragut machte kurzen Prozess. Den einen erwischte er mit seiner fleischigen Pranke und schleuderte ihn wie ein Stück Vieh durch die Luft, einen anderen ergriff er und kerkerte ihn in Nájera ein.

Der König war bereit aufzugeben, als Roland, einer seiner zwölf Paladine, an ihn herantrat und um Erlaubnis bat, gegen den Giganten zu kämpfen. Karl, der seinen Neffen hatte verschonen wollen, stimmte nur widerwillig zu.

Mutig trat Roland dem Riesen entgegen und kämpfte wie nie zuvor im Leben, aber seine Kräfte reichten nicht aus. Ferragut bekam ihn zu fassen. Er warf den Ritter bäuchlings auf sein Pferd, setzte sich dahinter und ritt triumphierend zurück nach Nájera. Unterwegs nutzte Roland die Sorglosigkeit seines Gegners, wand sich frei und vergrub sich in Ferraguts mächtigem Bart. Beide stürzten vom Pferd. Roland warf den Kopf des Feindes nach hinten, riss ihm den Turban vom Haar und versuchte ihm mit einem Stein den Schädel einzuschlagen. Der Koloss schien unverwundbar und war, seiner Größe zum Trotz, flink und wendig. Er riss sich los und stürmte wie von Sinnen auf seinen Kontrahenten ein, um ihn mit seinem Körper zu erdrücken. Roland sprang im letzten Moment zur Seite, zog sein Wunderschwert Durendal und holte zum Streich aus. Nun war es Ferragut, der in höchster Not zurückwich und instinktiv sein Leben rettete. Stattdessen traf die messerscharfe Klinge das Pferd Ferraguts und schlug es der Länge nach durch. In blinder Wut setzte der Riese zu einem Faustschlag an. Blitzschnell nahm Roland Deckung hinter seinem eigenen Pferd, worauf Ferraguts geballte Hand den Kopf des Tieres zertrümmerte.

Roland und Ferragut kämpften unverdrossen weiter, bis sie, halb tot vor Erschöpfung, eine Waffenpause beschlossen. Am nächsten Tag, so wurde vereinbart, wollten sie den Zweikampf mit neuen Waffen und Pferden fortsetzen. Sie trennten sich.

Früh am Morgen kehrte Roland auf das Schlachtfeld zwischen Navarrete und Nájera zurück, wo sich Ferragut zur Ruhe gelegt hatte. Er setzte sich an die Seite des schlafenden Hünen und hielt, ganz christlicher Ritter, das Friedensabkommen ein.

Als Ferragut erwachte und sich aufrichtete, begannen die beiden ein langes Gespräch. Listenreich entlockte Roland dem geschwätzigen Riesen den Hinweis auf dessen einzig verwundbare Stelle: den Nabel. Sie redeten weiter über Gefechte und Stärke, über Tugenden und Gottergebenheit und machten die Antwort auf die Frage nach dem wahren Glauben vom Ausgang des bevorstehenden Kampfes abhängig. Christentum oder Islam? Roland und Ferragut rüsteten sich erneut zum Gefecht.

Der Ritter und der Riese kämpften erbitterter als tags zuvor. Roland entging einige Male haarscharf dem Tod und forderte Ferragut zum Lanzenduell zu Pferde, wohl wissend, dass endlich einer von beiden sterben müsste. Er betete zu Gott dem Herrn und bat die heilige Jungfrau Maria um Schutz. Mit ausgerichteten

Waffen ritten sie aufeinander los. Wild entschlossen sprengte Roland voran, führte die Lanze tiefer als sonst am Hals des Pferdes vorbei und visierte sein Ziel mit starrem Blick an. Im alles entscheidenden Augenblick wich er der gegnerischen Klinge aus, spürte Widerstand an seiner eigenen Lanze und versenkte die Spitze im Körper des Feindes.

Ein urgewaltiger Schrei zerriss die Luft. Roland hatte Ferraguts Bauchwand durchstoßen. Aus dem Nabel schoss ein gewaltiger Blutschwall. Tödlich getroffen fiel der Hüne zu Boden. Er brüllte vor Schmerzen. Ferragut zuckte und wand sich wie eine Schlange im Staub hin und her. Dann starb er.

In der Ferne machte Roland eine riesige Staubwolke aus, die sich von Nájera her auf ihn zubewegte: maurische Reitertrupps, die, angelockt von Ferraguts Gebrüll, ihrem Herrn zu Hilfe eilen wollten. In wildem Galopp stob er auf und davon zu den Seinen, die das Wirrwarr nutzten und in großem Bogen nach Nájera preschten. Die karolingischen Truppen überrumpelten die spärlich verbliebenen Wachen, nahmen die muslimische Feste im Handstreich ein und befreiten die Gefangenen.

Zwischen Navarrete und Nájera

Geschichte und Gegenwart: Die Legende rankt sich um denselben Helden Roland, der im Jahre 778 in der Schlacht hoch oben auf dem Pyrenäenpass Ibañeta ein jähes Ende fand (vgl. Seite 46).

Am Jakobsweg zwischen Navarrete und Nájera erinnert der kleine „Rolandshügel", *Poyo de Roldán*, an den Ritter. Einer von vielen Legendenversionen zufolge stieg Roland auf diesen Hügel, erblickte den Riesen in der Weite und machte ihm mit einem gezielten Steinwurf an den Kopf den Garaus. Einer weiteren Variante zufolge kämpfen die beiden zu Fuß gegeneinander, am Ende tötet Roland den Giganten mit einem Dolchstich in den Nabel.

Kämpfe auf Kapitellen

Rolands Kampf gegen Ferragut haben einige Steinbildhauer am Jakobsweg thematisiert. Allerdings standen die Künstler vor einem handfesten praktischen Problem: Wie konnten sie die körperlichen Relationen der Kontrahenten auf einer Arbeitsfläche begrenzter Größe umsetzen? Sie konnten nicht. Auf dem romanischen Seitenkapitell des navarresischen Königspalastes in Estella reiten zwei gleich große Gestalten aufeinander los, sind jedoch klar identifizierbar. Die Szene zeigt jenen Moment, in dem Roland dem Giganten mit einer Lanze den tödlichen Nabelstoß versetzt (vgl. Seite 68).

Weitere Kampfmotive bieten Kapitelle der Kirche von Villamayor de Monjardín (Navarra), des Hospitals San Juan de Acre in Navarrete (heute umfunktioniert zum Friedhofsportal; La Rioja) und der Klosterkirche von San Juan de Ortega (Kastilien-León). Etwas abseits des Jakobsweges findet man eine weitere Darstellung an der Kirche im riojanischen Ochanduri, einem Örtchen am Río Tirón, das in mittelalterlichen Dokumenten als Schenkung an das Kloster von San Millán de la Cogolla erwähnt wird.

Das Rebhuhn, der Falke und das Grottenwunder von Nájera

Es begab sich zu Zeiten von Navarras König García Sánchez, dessen Reich sich von den Pyrenäen bis in die Rioja und nach Kantabrien hinein erstreckte. Wie sein Vater Sancho Garcés III., so pflegte auch García Hof in Nájera zu halten. Seinen Ausgleich zu Politik und Kriegen fand er stets bei der Jagd. Inmitten der Natur, im Duft von Bäumen und Blumen, fühlte er sich entspannt und abgelenkt und sammelte neue Kräfte. An einem dieser Tage war er mit einem kleinen Reitertross unterwegs. Der junge Monarch wirkte unruhig. Verspürte er eine Vorahnung von dem, was ihn zu späterer Stunde erwarten würde ...?

Plötzlich tauchte in der Ferne ein Rebhuhn auf.

„Das ist ein rascher Fang für meinen Falken!“, rief König García aus und gab seinem Falkner einen raschen Wink. Der verstand sofort und ließ den gefährlichen Vogel auf das Rebhuhn los.

Sofort schoss der Falke hervor. Er kam dem Rebhuhn näher und näher, das immer wieder vom Boden aufstieg und mit kurzen schnellen Flügelschlägen um sein Leben kämpfte.

García und seine Getreuen verfolgten das Schauspiel und gaben ihren Pferden die Sporen, um die Vögel nicht aus den Augen zu verlieren. Sie sprengten hinweg über Wege und Wiesen und hielten Ausschau nach dem tapferen Rebhuhn, das seinen Verfolger ein ums andere Mal mit geschickten Manövern narrte. Aber der Jagdvogel ließ nicht von ihm ab.

In seiner größten Todesangst erspähte das Rebhuhn an den Ufern des Río Najerilla einen dichten, rettenden Wald unterhalb eines gewaltigen Massivs aus rostrotem Sandstein. Es flatterte mitten hinein, verfolgt vom Falken, der sein erhofftes Opfer im Dunkel der Bäume bald aus den Augen verlor. Beide Vögel schwirrten ziellos umher und fanden weder aus noch ein.

„Mein Falke wird das Rebhuhn längst in seinen kräftigen Krallen haben", dachte der König, als er und die Seinen den Waldrand erreichten.

Doch die Vögel blieben verschwunden. Der König ritt ein Stück in den Forst hinein, bis ihn die Schatten der Stämme schluckten. Das Dickicht hielt ihn zurück. García horchte in die Stille. Kein Laut war zu hören. Nur das Gluckern und Glucksen des Río Najerilla strömte von ferne heran. Allmählich kam ihm die Sache merkwürdig vor. Bislang hatte sein Falke jedes Opfer in Windeseile geschlagen, aber heute ...?

Er machte kehrt, stieg vom Pferd und ging gemeinsam mit seinen Begleitern am Waldsaum entlang. Immer wieder spähte er in das finstere Ast- und Blattwerk. Plötzlich, schemenhaft im Hintergrund, zeichneten sich die Konturen eines Höhleneingangs ab.

„Eine Höhle? Ob sie bewohnt sein mag?", fragte sich leise der König. „Ob mein Falke das Rebhuhn dort geschlagen hat?"

Der Monarch und seine Getreuen bahnten sich den Weg zur Grotte. Im Innern sahen sie einen flackernden Lichtschein, der sie wie magisch anzog. Sie traten ein und fuhren erschrocken zusammen ...

In der Höhle stand ein kleiner Altar mit einem Bildnis der heiligen Jungfrau. Ein Bildnis, wie es der König prächtiger nie gesehen hatte: Maria als Königin und Mutter, ihr Gesicht von zarter Anmut, die großen Augen voller Liebe und Wärme, auf ihrem Haupt eine goldene Krone, auf ihrem linken Knie der Sohn.

Zu ihren Füßen erblickten García und seine Getreuen eine winzige Lampe mit dem ewigen Licht, eine Glocke und eine *terraza,* eine Vase mit langen, weißen Lilien. Es waren herrliche Madonnenlilien, die einen betörenden Duft verströmten. Größer noch war ihr Erstaunen, als sie auf dem lehmigen Boden das Rebhuhn und den Falken in friedlicher Eintracht entdeckten.

„Das müssen übernatürliche Kräfte sein", sagte García. Ehrfurchtsvoll warf er sich nieder, dankte Gott aus tiefstem Herzen und betete das Bildnis an.

An jener Stelle ließ König García ein Kloster errichten und gab ihm den Namen Santa María. Unter dem Schutz der heiligen Jungfrau und Gottesmutter gründete er später einen Ritterorden, dessen Name an den Vasenfund erinnerte: *Caballeros de la Terraza.*

Fortan machten unzählige Pilger auf dem Weg nach Santiago im Monasterio de Santa María la Real de Nájera Station. Sie verehrten das Bildnis und riefen ihm zu:

„Sei gegrüßet, Königin und Mutter, unsere süße Hoffnung, unser Leben. Wende diese deine Augen uns zu, oh gnadenreiche, oh süße Jungfrau Maria."

Jahre später erfüllte sich König Garcías letzter Wille. Nach seinem Tod auf den Schlachtfeldern von Atapuerca setzte man ihn im Kloster von Nájera bei.

Monasterio de Santa María la Real de Nájera

Besuch: Auf den Spuren von König García führt ein schmaler Felsengang von der Klosterkirche direkt in die winzige Grotte mit ihrer Marienskulptur – ein einzigartiges Erlebnis am Jakobsweg! Beidseits des Höhlenzugangs reihen sich reich ornamentierte Grabmäler auf, darunter jene des Gründerkönigs García Sánchez und seiner Gemahlin Estefanía. Auch die navarresischen Monarchen Sancho Garcés II. und Sancho Garcés IV. haben hier ihre letzte Ruhe gefunden. Allerdings sind Steinsärge und Bildhauerwerk der Königsgruft in einer Mischung aus Renaissance- und platereskem Stil gehalten und somit Jahrhunderte jünger als die Verstorbenen. Aus dem Mittelalter hat sich einzig der romanische Deckel des Sarkophags der Blanca de Navarra (1136-1156) erhalten; meisterhafte Reliefs zeigen einen Pantokrator sowie Trauernde um die jung verstorbene Königin.

Ein Rundgang durch das einstige Benediktinerkloster führt in den „Kreuzgang der Ritter" (*Claustro de los Caballeros;* 16. Jahrhundert) mit seinen filigranen Spitzbögen, auf die Empore der Kirche mit dem 1493-1495 geschnitzten Chorgestühl sowie zum barocken Retabel mit der Lampe, der Glocke und der Vase mit Madonnenlilien.

Geschichte und Gegenwart: Mit 1044 geben die meisten Quellen das Jahr von König Garcías wundersamem Bildnisfund an, einige Legendenversionen ersetzen das Rebhuhn durch eine fluggewandtere Taube. 1052 wurde die romanische Kirche geweiht und Mitte des 15. Jahrhunderts durch die heutige gotische ersetzt. Der Einfall der napoleonischen Truppen und die Säkularisation sorgten während der ersten Hälfte des 19. Jahrhunderts für irreparable Schäden und Verluste. Zahlreiche Kunstschätze verschwanden ebenso wie die Bibliothek, das Archiv und die Apotheke.

Oase des Friedens: Das Bildnis der Gottesmutter in der Grotte von Nájera.

Öffnungszeiten: Täglich vormittags und nachmittags.

Lage und Anfahrt: In der Rioja knapp 25 km südwestlich von Logroño, Abzweig ins Ortsinnere von Nájera ab der N-120.

Besonderer Tipp: Ausgesprochen schöner Wanderabschnitt auf dem Jakobsweg von Nájera bis Azofra, ein Stück hinter dem Kloster zunächst Anstieg durch Kiefernwälder und späteres Flachstück durch üppige Weingärten.

Wunder und Großmut des heiligen Millán de la Cogolla

In einem langen wechselvollen Leben wandelte sich Millán de la Cogolla vom Schafhirten zum Eremiten, vom Eremiten zum Priester, vom Priester zurück zum Eremiten und vom Eremiten zum Klostergründer. Er war ein gottergebener Mann von wenig Worten und reichlich Taten, von Träumen und Visionen.

In jungen Jahren gebot ein Traum Millán, den Einsiedler Felices im unweit gelegenen Bilibio aufzusuchen. Hier ging er lange Zeit in die christliche Lehre und fand in Felices einen Meister, der ihn mit Geduld und Weisheit auf seinen weiteren Weg vorbereitete.

In Wissen und Werten gestärkt, kehrte Millán in die Nähe seines Heimatdorfes Berceo zurück. Fortan führte er in den Gebirgshöhlen der Montes Distercios ein asketisches Einsiedlerleben, das niemandem der Gegend verborgen blieb. Immer wieder ersuchte man ihn um Rat und Hilfe und hoffte auf seine wundersamen Kräfte, die ihn bereits zu Lebzeiten auf den Rang eines Heiligen stellten. Millán de la Cogolla besaß die Fähigkeit, die rätselhaftesten Krankheiten zu heilen, und trieb, so sagt man, Besessenen den Teufel aus. Einmal sogar begab er sich auf eine Reise, um das Haus des mächtigen Senators Honorio de Parpalinas von Dämonen und Geistern zu befreien.

Auf Dauer fühlte sich der Eremit vom Ansturm der Gläubigen und Hilfsbedürftigen überrannt und er wählte einen entlegeneren Platz in der Bergwelt, um eins zu sein mit Gott und der Stille.

Eines Tages rief ihn der Bischof zu sich und trug ihm an, als Priester nach Berceo zu kommen. Millán, bereits in fortgeschrittenem Alter und von einem langen eisgrauen Bart gezeichnet, willigte ein. Vierzig Jahre waren seit Beginn seiner Lehrzeit bei Felices vergangen.

Millán ging mit Freude unter die Menschen. Seine Freigebigkeit kannte keine Grenzen. Zu jeder Zeit war er bemüht, alle Notleidenden bei sich aufnehmen und bewirten zu können. Er häufte Vorräte an, ließ neue Kornspeicher bauen und verteilte seine und die Einkünfte anderer geistlicher Amtsträger an die Armen. Einmal schenkte er einem Bettler seinen eigenen Mantel.

Milláns Großmut kam ungewollt dem Bischof zu Ohren – einige Kleriker hatten ihn wegen Missbrauchs von Kirchengütern angezeigt. Auf die Vorwürfe antwortete der Heilige mit Schweigen. Der Bischof setzte ihn kurzerhand ab.

Erneut zog sich Millán als Einsiedler in die nahen Gebirgsgrotten zurück, aber er blieb nicht lange allein. Bald folgten ihm einige Schüler, mit denen er das *Monasterio* von Suso aufbaute und in einen bedeutenden Hort von Kunst und Wissenschaft verwandelte.

Im Bergkloster Suso setzte San Millán de la Cogolla sein wundersames Wirken fort. Eines Tages, während der Fastenzeit, schafften ein paar Männer eine erlahmte Frau in einem Karren hinauf. Sie bat darum, den Heiligen zu sehen, doch er hatte sich zum Fasten in eine der angrenzenden Steinzellen zurückgezogen und richtete aus, er könne nicht kommen. Da trug die Frau den bescheidenen Wunsch vor, zumindest seinen Stab küssen zu dürfen. Überwältigt von ihrer Genügsamkeit, trat er zu ihr hervor. Sie betete und berührte seine Hand mit ihren Lippen, stand auf und ging geheilt nach Hause.

Nicht jeder durfte bei Millán auf Mitgefühl und Vergebung seiner Sünden hoffen. So erging es zwei dunklen Gesellen, die sich ans Kloster pirschten und ein Pferd stahlen, das Millán gelegentlich für die Strecke von Suso nach Berceo nutzte. Unterwegs erblindeten die beiden und erkannten ihre Strafe. Zerknirscht kehrten sie nach Suso zurück und glaubten ungeschoren davonzukommen. Sie überbrachten Millán das Tier und baten um

Nachsicht, doch ihre Reue war nicht ehrlich gemeint. Er nahm das Pferd, bedauerte seinen Besitz, verkaufte es und vermachte Bedürftigen das Geld. Millán, der viele Blinde sehend gemacht hatte, gab den Dieben ihr Augenlicht nicht zurück. Er ahnte, dass sie als Gesunde künftig weiterhin stehlen und selbst Notleidende um ihre Habe bringen würden.

Der „Escorial der Rioja" – San Millåns Wirk- und letzte Ruhestätte.

San Millán de la Cogolla bewahrte seine Energie bis zum Ende. Er starb hochbetagt im Alter von 101 Jahren. Man setzte ihn in der Klosterkapelle bei. Fortan lockte das *Monasterio* von Suso eine stetig steigende Zahl an Gläubigen an, zumal die Kunde von Wundern des Heiligen nicht abriss.

Eines Tages trug ein frommes Paar ihre schwer kranke Tochter den Berg hinauf zum Kloster. Sie hofften auf wundersame Hilfe, doch das Mädchen verstarb auf der beschwerlichen Wanderschaft. In tiefer Trauer setzten sie den Weg unter stillen Gebeten fort. In Suso baten sie die Mönche, den Leichnam neben den Altar San Millán betten zu dürfen, während sie selbst neue Kraft für den Rückweg schöpfen wollten. Als sie an den Tisch des Herrn zurückkehrten, stockte ihnen der Atem vor Freude. Das kleine Kind saß unversehrt da und spielte mit dem Altartuch.

In Eintracht mit dem Apostel Jakobus tauchte San Millán de la Cogolla den christlichen Streitern später als zweiter *matamoros* auf, als „Maurentöter". Auf einem Schimmel sah man ihn, wie er über die Schlachtfelder sprengte und mit seinem Schwert die feindlichen Mauren köpfte. Dank dem Eingreifen und dem Ansporn des Heiligen gewannen die Christen viele blutige Kämpfe gegen die Sarazenen. Jede Erscheinung in höchster Not vertiefte den Ruhm des heiligen Millán de la Cogolla.

San Millán de la Cogolla

Geschichte und Gegenwart: San Millán de la Cogolla (473-574) ist Namensgeber des 200-Seelen-Örtchens an den Ausläufern der Sierra de San Lorenzo. Er stammte aus dem benachbarten Berceo, sein Geist wird in den beiden Klöstern Suso und Yuso wach gehalten.
Suso, das obere und längst verlassene Bergkloster aus westgotischen Zeiten, wurde um 550 von Millán begründet, direkt an den Fels angebaut und ausgangs des ersten Jahrtausends im mozarabischen Stil erweitert. Hier verehrten die Gläubigen bis ins 11. Jahrhundert hinein das Grab des Heiligen, ehe man seine Reliquien talwärts ins neu gegründete Kloster Yuso überführte. Von Yusos romanischem Erstbau ist nichts geblieben. Die heutige Anlage geht im Wesentlichen auf das 16. bis 18. Jahrhundert zurück, trägt den Beinamen „Escorial der Rioja" und liegt in den Händen von Augustinern. Höhepunkte im Yuso-Kloster: San Milláns Reliquienschrein aus Elfenbein, der Kreuzgang im Renaissancestil, der Foliantenschrank im oberen Kreuzgang, die 1697 beendete Prachttreppe sowie Gemälde und Skulpturen in der Sakristei und den oberen Museumsräumen. Es gibt zwei wichtige Darstellungen des San Millán als „Maurentöter": das Relief an der Eingangsfassade sowie das

Hauptretabel der Kirche mit ihrem großformatigen Ölgemälde des Juan de Ricci. Heute zählen die Klöster Yuso und Suso zum Kulturerbe der Menschheit.

Schreiber mit Verständnisproblemen

San Millán de la Cogolla gilt als „Wiege der spanischen Sprache", die aus der Schreibwerkstatt der Klostergemeinschaft erwuchs. Im Jahr 964, so jüngste Forschungen, wurde der „Códice 46" von schriftgelehrten Mönchen beendet, ein enzyklopädisches Werk mit einer Fülle von Abweichungen vom herkömmlichen Latein. Ein paar Jahrzehnte später brütete ein anderer Mönch über einer alten lateinischen Quelle und kämpfte mit Verständnisproblemen. Längst hatte sich die Sprache in ihre Zeit hinein weiterentwickelt, man redete anders, als man schrieb. Seine Randnotizen, die berühmten „Glosas Emilianenses", spiegeln die Unsicherheit im Umgang mit überkommenen Ausdrücken eines angestaubten Lateins wider. So sind „Códice 46" und „Glosas Emilianenses" als die Wurzeln des modernen Spanisch in die Geschichte eingegangen.

Öffnungszeiten: Kloster von Yuso täglich vor- und nachmittags, Führungen.
Lage und Anfahrt: San Millán de la Cogolla, rund 20 km südwestlich von Nájera und etwas abseits vom eigentlichen Jakobsweg gelegen, hat seit ehedem Pilger angelockt; ausgeschilderte Anfahrt über Nájera oder Santo Domingo de la Calzada.

Das Hühnermirakel von Santo Domingo de la Calzada

Er galt als herzensgute Seele am *Camino*, hatte stets ein offenes Ohr für andere und gab alten Wegstrecken neue Beläge. So nannte man ihn den „heiligen Dominikus von der gepflasterten Straße", Santo Domingo de la Calzada. Er verpflegte und beherbergte Heere an Wallfahrern und war immer dort, wo man ihn brauchte. Selbst nach seinem irdischen Ableben und zu den sonderbarsten Gelegenheiten ...

Eines Tages, lange nach dem Tod des Dominikus traf eine kleine deutsche Pilgerfamilie in dem nach ihm benannten Städtchen ein. Auf ihrer langen beschwerlichen Reise waren die Eltern gemeinsam mit ihrem Sohn unterwegs, der, wo immer er hinkam, die Blicke der Dorfjugend auf sich zog: ein schlanker, junger Mann mit blauen Augen und blonden Locken.

Nach ihrem Gebet am Heiligengrab suchten die drei eine Herberge, freuten sich auf ein trockenes Lager und ein herzhaftes Mahl. Von Anbeginn hatte eine der Mägde des Gasthofs ein Auge auf den Burschen geworfen, wusste aber um den frühmorgendlichen Aufbruch der Pilger. Sie musste baldmöglichst handeln. In einem unbemerkten Augenblick, nach dem Abendbrot, witterte sie ihre Chance und machte ihm ein eindeutiges Angebot. Er schlug ihr fleischliches Ansinnen aus und sagte:

„Versteh mich, Magd. Wir sind auf der Reise nach Santiago, wo ich dem heiligen Apostel unberührt gegenübertreten möchte."

Die Magd schäumte innerlich vor Wut. Noch niemand hatte ihren Körper abgelehnt.

„Zum Teufel mit dem Bürschlein", sprach sie zu sich selbst. Sie sann auf Rache, überlegte kurz und schmunzelte befriedigt über ihren Einfall.

„Wart nur den Morgen ab", sagte sie leise. Als sich die Familie zum Frühstück niedergelassen hatte, schlich die Magd in die Kammer der Gäste. Das verschnürte Gepäck stand zum Abmarsch bereit. Unter ihrer Schürze zog sie einen silbernen Becher des Gasthauses hervor und versteckte ihn in der Tasche des Burschen.

Frisch gestärkt und gut gerüstet für die lange Etappe nach Villafranca Montes de Oca, bedankte sich die Familie bei den Wirtsleuten für die freundliche Aufnahme und die üppigen Mahlzeiten. Doch sie kamen nicht weit. Plötzlich drangen aufgeregte Schreie hinter ihnen her.

„Ein Dieb, ein Dieb!"

War das nicht die Magd, die dort rief?

„Unser silberner Becher ist verschwunden!"

Rasch liefen die Schergen der Justiz herbei. Sie durchwühlten das Bündel des Burschen und fanden das vermisste Gefäß. Vor den Augen seiner entsetzten Eltern nahmen sie den Jungen fest und schleppten ihn vor den Landrichter, der sich die Geschichte mürrisch anhörte. Obgleich der Junge unablässig seine Unschuld beteuerte, schenkte ihm der Richter keinen Glauben. Für ihn lag der Fall klar.

„Erhängen", sagte er unwirsch. „Sofort erhängen. Es ist, wie es ist. Auf Diebstahl steht der Strang."

Vor einem Pulk aus Schaulustigen, unter denen sich die verlogene Magd versteckt hielt, knüpfte man den unschuldigen jungen Pilger auf dem Platz von Santo Domingo de la Calzada auf …

Die Eltern des Burschen, verzweifelt und mittlerweile von den Dörflern geächtet, ersparten sich die Gräuel. Sie hielten sich am Ortsrand versteckt. Später am Tage wollten sie die Reise nach Santiago fortsetzen und den Apostel um Vergebung der Sünden ihres vom Wege abgekommenen Sohnes anrufen. Ihr innigster

Wunsch war es, ihn ein letztes Mal zu sehen und in aller Stille Abschied zu nehmen. So schlichen sie an den Henkerspfahl und hielten vor dem Körper inne.

Sie senkten den Kopf, fielen auf die Knie, weinten bittere Tränen und beteten. Da erhob sich eine fremde Stimme.

„Beweint nicht als tot, was noch atmet!"

So sonor sie klingen mochte, die Worte der Stimme flossen weich dahin und legten sich wie ein Mantel der Barmherzigkeit um die Eltern. Plötzlich vernahmen sie eine zweite Stimme, die ihnen allzu bekannt vorkam: „Mutter, Vater, seht her, ich lebe!"

Ungläubig schauten die beiden auf. Ein Schauer aus Furcht und Freude durchfuhr sie.

Wie konnte das sein ...? Waren sie von Sinnen ...? Ihr Sohn, unverändert am Galgen, blickte frohgemut auf sie herab und sprach.

Die Eltern vergaßen die Welt um sich herum. Atemlos stürzten sie zum Haus des Landrichters, der gerade an einer opulent gefüllten Tafel Platz genommen hatte. Vor ihm dampften eine knusprig gebratene Henne und ein gebratener Hahn und verströmten betörende Düfte. Ihm lief das Wasser im Munde zusammen, so dass er die ungebetenen Gäste gleich hinausbefördern wollte.

„Ha!", rief der Richter nach Ende ihrer Kunde höhnisch aus. „Wenn das Ganze wahr wäre, würde ich den Burschen eigenhändig vom Galgen schneiden und unverzüglich begnadigen!"

Die Eltern flehten ihn an, er solle sich selbst von der Wahrheit überzeugen.

„Euer nichtsnutziger Spross", warf er gereizt ein, „ist so lebendig wie der Hahn und die Henne vor meinen Augen! Und jetzt macht, dass Ihr verschwindet!" Dann setzte er mit überheblichem Schmunzeln hinzu:
„Wenn die Geschichte wahr wäre, bei Gott, dann bekämen der Hahn und die Henne Flügel und flögen davon!"

Das Krähen des Hahns verspricht Glück für den Pilgerweg – die wohl kurioseste Sehenswürdigkeit am Jakobsweg: der Hühnerstall in der Kathedrale von Santo Domingo de la Calzada.

Kaum gesagt, blieb ihm das Lachen im Halse stecken. Tatsächlich. Die Flügel der gebratenen Tiere begannen zu flattern.

Der Hahn krähte. Das Huhn gackerte. Sie erhoben sich vom Tisch. Und flogen davon.

Als man den unschuldig Erhängten wohlbehalten vom Henkerspfahl trennte, war der heilige Domingo am Ende seiner Kräfte. Unbemerkt von allen, hatte er die Beine des Jungen die ganze Zeit auf seinen Schultern gestützt ...

Die Geschichte vom Hühnermirakel zog weite Kreise. Bald gab es keinen Pilger, der das wundersame Ereignis nicht kannte. Um es auf immer im Gedächtnis zu behalten, entschloss man sich, das Gotteshaus des Heiligen mit einem *gallinero* auszustatten: einem Hühnerstall. Seitdem leben in der Kathedrale von Santo Domingo de la Calzada ein weißer Hahn und eine weiße Henne.

Santo Domingo de la Calzada

Geschichte und Gegenwart: In Einklang mit ihrem sichtbaren Zeugnis, dem leibhaftigen Stall in der Kathedrale von Santo Domingo de la Calzada, gilt vielen die Legende vom Hühnermirakel als kurioseste am gesamten Jakobsweg. Diverse Versionen weisen der deutschen Pilgerfamilie eine Herkunft aus dem Raum Wesel-Xanten zu. Um die Wirkung des Wunders zu verstärken, lassen manche Autoren die Eltern erst nach der Rückkehr aus Santiago am Henkerspfahl anhalten. Nur eines ist nicht überliefert: das Schicksal der hinterhältigen Magd ...

Die steinerne Hülle des Hühnerkäfigs – nämlich der prächtige Kirchbau selber – wurde 1196 geweiht, 1232 zur Kathedrale erhoben und bis ins 18. Jahrhundert hinein erweitert. Äußerer Blickfang ist der separat stehende Turm, ein 1762-1766 bis auf 70 Meter himmelwärts gezogenes Werk von Martín de Beratúa.

Hahnenschrei im Gottesdienst

In früheren Zeiten stand der Hühnerstall hinter dem Altar und beflügelte Pilger, sich Federn als Souvenir mitzunehmen und nach Santiago zu tragen. Mittlerweile hat ein verglaster Käfig den offenen Stall abgelöst. Er ist weit über Kopfhöhe in die Mauer gegenüber dem Mausoleum des Santo Domingo eingelassen und keineswegs schalldicht. Mitunter meldet sich der Hahn sogar bei Gottesdiensten lautstark zu Wort.

Auch wenn Spanier gemeinhin wenig von Tierschutz halten, wird das weiße Federvieh dem Vernehmen nach alle paar Wochen ausgetauscht – gleicht sich bei Besuchen jedoch jedes Mal wie ein Ei dem andern ...

Sehenswert im Innern: der romanische Hauptteil um den Altarbereich (mit einem herrlichen Relief des musizierenden Königs David), das Mausoleum und die Gruft des Santo Domingo de la Calzada sowie das reich ornamentierte Renaissanceretabel von Damián Forment.

Ein tatkräftiger Förderer des Jakobsweges – der „hl. Dominikus von der gepflasterten Straße".

Im Kreuzgang und einstigen Kapitelsaal sind die Kathedralschätze ausgestellt. Eine versteckte Tür zwischen Kreuzgang und Chor führt vom Innenraum der Kathedrale durch alte Wehrgänge auf ein Zwischenplateau hinauf.

Öffnungszeiten: Montags bis samstags vor- und nachmittags.

Lage und Anfahrt: Santo Domingo de la Calzada liegt am *Río Oja* – jenem Fluss, von dem sich der Name „Rioja" ableitet – sowie an der Nationalstraße N-120, rund 45 Kilometer westlich von Logroño.

Besondere Tipps: Auf überschaubarem Raum bietet die Kleinstadt zusätzliche Feinheiten wie die Plaza de España mit barockem Rathaus und Laubengängen, die lang gestreckte Pilgergasse Calle Mayor, das moderne Pilgermonument vor der Iglesia de San Francisco und die häufig von Störchen angeflogenen Reste der Stadtmauer. In einem einstigen Hospiz gegenüber der Kathedrale haben sich Zeiten und Inhalte geändert: im Mittelalter bedürftige Wallfahrer, heute Drei-Sterne-Klientel eines stilvollen Paradors.

Ein Mann der Tat

Santo Domingo de la Calzada lebte von 1019 bis 1109 und stammte aus dem nahen Örtchen Viloria de Rioja. In seiner Kindheit hütete er Schafe und fühlte früh seine religiöse Berufung. Allerdings besaß er kein Talent zum braven Mönch, der über Büchern brüten sollte. Ein zurückgezogenes Leben hinter Klostermauern war seine Sache nicht. Domingo sah sich als Mann der Tat. Er war geschaffen für die praktische Arbeit und besessen von dem Gedanken, die Strapazen der Pilger auf dem Camino de Santiago zu lindern. Als Eremit versorgte er sie in seinem Hospiz, legte Sumpfgebiete trocken, baute eine Brücke über den Río Oja und besserte Wegpassagen aus. Sein Ruf kam Kastiliens König Alfons VI. dem Tapferen zu Ohren, der ihm ein Grundstück zum Bau einer Kirche stiftete. In hohem Alter wählte Domingo neben dem Gotteshaus den Platz für seine kommende Grabstätte aus. Mit einem prächtigen Alabastermausoleum, so wie man es heute in der Kathedrale verehrt, dürfte der bescheidene Heilige sicher nicht einverstanden gewesen sein.

Mit viel Musik und farbenprächtigen Prozessionen feiert das Städtchen seinen Namensgeber beim mehrtägigen Patronatsfest rund um den 12. Mai.

Die wundersamen Kräfte des San Juan de Ortega

Als Juan, ein junger kastilischer Priester, von seiner Wallfahrt ins Heilige Land übers Meer in die Heimat zurückkehrte, verdunkelte sich plötzlich das Firmament. Aus dem unheilvollen Schwarz am Horizont zog Wind auf, der in einen Sturm überging. Urgewaltig rollten wütende Wellen gegen die Planken des Schiffes, die Hölzer knarrten bedrohlich, Brecher krachten auf Deck.

Das Boot drohte unterzugehen, doch wehrte es sich verzweifelt gegen sein Schicksal. In höchster Not rief Juan den heiligen Nicolás de Bari um Schutz an. Im Falle eines glücklichen Ausgangs, versprach er, wolle er ihm eine Kapelle widmen und die Wallfahrer auf dem Weg nach Santiago betreuen. Er gelobte, den Pilgern eine ebenso gute Stütze und ein Baumeister zu sein wie sein Vorbild Santo Domingo de la Calzada.

Der Sturm legte sich. Das Schiff erreichte ruhiges Fahrwasser. Wohlbehalten betrat Juan die vertraute Erde. Er löste sein Versprechen ein. Als Platz für sein Kirchlein, ein Kloster und ein Hospiz wählte er eine der gefahrvollsten Stellen am *Camino de Santiago*: zwischen Villafranca und Burgos, gleich hinter den wind- und wettergepeitschten Montes de Oca, in denen es vor Wegelagerern nur so wimmelte. Er schlug neue Pfade durch unwirtliche Gegenden, die versumpft oder mit *ortigas*, Brennnesseln, übersät waren. Daher sein Name: San Juan de Ortega, der „heilige Johannes von der Brennnessel".

Nach Ende seines irdischen Lebens bewirkte er viele Wunder. Eines Tages, so sagt man, erlangte ein stummes Kind die Sprache wieder, nachdem es auf dem Grab des Heiligen einige Äpfel gesehen hatte. San Juan de Ortega stand überdies im Rufe, mit seinen wundersamen Kräften fruchtbarkeitsfördernd zu wirken. So sah man zahlreiche Frauen an seinem Grab, die den Heiligen um Beistand baten.

Sein verheißungsvoller Einfluss kam Kastiliens Königin Isabella zu Ohren, die sich nach langen Jahren kinderloser Ehe mit Ferdinand von Aragonien auf Pilgerschaft an den Rand der Montes de Oca begab. Isabella, so will es die fromme Legende, sehnte sich danach, dem Heiligen persönlich ihren Wunsch nach einem Thronfolger zuzutragen.

Nach dem Empfang im Kloster suchte Isabella an der Seite des Priors das Heiligtum auf und trat vor den prächtig gestalteten Sarkophag. Zu Ehren der Monarchin öffnete er das Grab.

Als der Prior den Deckel anhob, fuhr er verblüfft zurück. Aus dem steinernen Sarg flogen Bienen hervor, ein ganzer Schwarm, der aufgebracht in der Kirche umherschwirrte. Es waren keine gewöhnlichen Bienen, sondern wunderbar weiße. Sie hinterließen einen betörenden Duft, der auch dem offenen Grab entströmte. Im Innern lag der unversehrte Leib des Heiligen.

Isabella war eine kraftvolle Frau, die in keinem Augenblick Furcht empfand. Ganz im Gegenteil. Sie verspürte ein großes Wohlgefühl.

„Das Bienenwunder!“, flüsterte der Prior. „Es müssen die Seelen der Ungeborenen sein, die San Juan für kommende Mütter bereithält.“ Isabella nickte. Im Jahr darauf brachte die Königin einen Sohn zur Welt. Sie gab ihm den Namen Juan.

Kirche in der Einsamkeit

Pilger schätzen San Juan de Ortega als einen der stimmungsvollsten Jakobswegflecken, der Zivilisation ein Stückchen wohlig entrückt. Nach dem Aufstieg durch die Montes de Oca und einem kilometerlangen Flachstück durch die Hochebene schaut man vom Waldsaum in die Weite auf die Kirche – ein Anblick, der Wallfahrer vergangener Zeiten noch stärker ergriffen haben dürfte. Erschöpfte erholen sich auf dem weit ausgreifenden Kirchenplatz von den Strapazen und quartieren sich in der Herberge ein.

Stimmungsvoll, der Zivilisation wohlig entrückt: Nach dem Aufstieg durch die Montes de Oca erblickt der Pilger die Kirche von San Juan de Ortega.

San Juan de Ortega

Geschichte und Gegenwart: Welch mächtiger Komplex muss es vormals gewesen sein! Kloster und Hospiz wurden von Juan de Ortega im 12. Jahrhundert in der Einsamkeit begründet, auf die Augustiner folgten vom 15. bis zum 19. Jahrhundert Hieronymitenmönche. Geblieben sind Erinnerungen an das Auf und Ab des Klosterlebens, als fassbares Zeugnis hat sich einzig die romanisch-gotische Kirche erhalten. Hier tritt man an das prächtig verschnörkelte Mausoleum des San Juan de Ortega heran und steigt auf schmaler Treppe in die Krypta hinab zu seinem Grab mit dem reliefierten romanischen Sarkophag. Beachtung verdienen die romanischen Kapitelle im Kircheninnern, auf denen Szenen wie Mariä Verkündigung und Rolands Kampf gegen den Riesen Ferragut zu sehen sind.

Brücken- und Wegebauer

San Juan de Ortega kam in Quintanaortuño, einem Dorf in der Provinz Burgos, zur Welt. Er lebte zwischen 1080 und 1163. In jungen Jahren traf er Domingo de la Calzada, den berühmten Heiligen des Hühnermirakels, und trat nach seiner glücklichen Heimkehr aus dem Heiligen Land als Förderer des Jakobsweges in dessen Fußstapfen. Er tat sich als Brücken- und Wegebauer hervor, betreute Pilger und Arme und lebte in seinem Kloster nach der Augustinusregel.

Lage und Anfahrt: San Juan de Ortega, ein winziger Weiler rund 25 km östlich von Burgos; ausgeschilderter Abzweig ab der N-120 zwischen Villafranca Montes de Oca und Burgos.
Öffnungszeiten: Zwischen Frühjahr und Herbst hat die Klosterkirche im Regelfall täglich geöffnet, im Winter unregelmäßige Zugangszeiten.
Besonderer Tipp: Alljährlich am 21. März und am 21. September, spätnachmittags, ist die Klosterkirche Schauplatz eines „Lichtwunders". Zum Zeitpunkt der Tagundnachtgleiche fallen Sonnenstrahlen ins Kircheninnere und tauchen ein romanisches Kapitell in warmes Licht, das Mariä Verkündigung, Mariä Heimsuchung und Christi Geburt zeigt.

Der Christus von Burgos

Es war einmal ein frommer Kaufmann aus Burgos, der den Augustiner-Eremiten des örtlichen *Convento de San Agustín* zugetan war. Bevor er wieder einmal eine lange Handelsreise antrat, bat er sie im Kloster um Schutz für gutes Gelingen seines Unternehmens und gelobte ihnen ein wertvolles Geschenk mitzubringen.

In unzählige Geschäfte verstrickt, vergaß der Kaufmann unterwegs sein Versprechen. Erst auf der Heimfahrt, unter geblähten Segeln mitten auf hoher kantabrischer See, fiel es ihm wieder ein. Was sollte er tun?

Scham stieg in ihm auf, als er sich jenen Augenblick ausmalte, in dem er mit leeren Händen vor die Augustiner hintreten musste. Plötzlich drang ein Ausruf des Wachhabenden an sein Ohr. Abgelenkt von seinen trüben Gedanken, stürzte der Händler an den Bug und blickte zu einem länglichen Gegenstand, der voraus im Wasser trieb. Als das Schiff näher heransegelte, erkannte er eine Kiste und befahl der Mannschaft, sie an Bord zu hieven. Die Kiste war aus Holz gefertigt und glich einem Sarg.

Gespannt standen der Kaufmann und die Seeleute im Kreis auf Deck, als sich der Zimmermann daranmachte, den merkwürdigen Kasten zu öffnen. Als er den Deckel hob, wichen sie allesamt erschreckt zurück. In der Kiste lag eine gläserne Schatulle mit dem unversehrten Korpus eines Christus, wie ihn nie jemand vorher gesehen hatte. Es gab keinen, den der schmerzerfüllte Ausdruck nicht anrührte. Selbst die rauesten Burschen senkten voller Demut den Kopf. Der Mund des Gekreuzigten stand halb offen, die Zahnreihen schauten hervor, die Augen waren glasig verdreht. Auf dem Kopf trug er die Dornenkrone, sein Körper war mit grässlichen Wundmalen übersät, das Blut hatte überall getrocknete Rinnsale hinterlassen. Alles an dem Gekreuzigten wirkte täuschend echt: sein Haar, sein Bart, seine Wimpern, seine Finger- und Fußnägel, seine ganze Haut. Zusammen mit Ehrfurcht durchfuhr den Kaufmann tiefe Zufriedenheit. Nun wusste er, welches Geschenk er den Augustinern würde darbringen können.

Nach ihrer glücklichen Ankunft im Heimathafen schafften der Kaufmann und seine Männer den wundersamen Christusfund nach Burgos. Als sie die Stadtgrenze passierten, setzten sich die Glocken aller Kirchen von selbst in Bewegung. Unter feierlichem Geläut brachte man das Heiligtum in den *Convento de San Agustín*, wo die Augustiner-Eremiten ihm Platz in der bescheidenen Klosterkapelle gaben. Als man es aus seinem Glasbehältnis befreite, stellte man fest, dass Arme, Beine und Kopf beweglich waren. Auf Höhe der Brust entdeckte man einen kleinen Hohlraum, der Flüssigkeit aufnehmen und über eine offene Wunde abgeben konnte.

Man nannte das Bildnis *Cristo de Burgos*, „Christus von Burgos". In der Folge kamen zahlreiche Gläubige. In Bittprozessionen sehnten die einen Regen für ihre Felder herbei, andere wünschten sich das Ende von Pest und Hungersnöten. Manche Pilger wollen beobachtet haben, dass die Skulptur freitags zu schwitzen begann. Andere erzählten, dass man ihr den Bart regelmäßig stutze und die Nägel schneide.

Eines Tages fand sich Königin Isabella die Katholische zu einem Besuch in der Klosterkapelle ein. Die Monarchin, so sagt man, hatte einen Nagel des Kreuzes ins Auge gefasst. Sie beschloss, ihn eigenhändig zu entfernen und ihn im Gedenken an den Cristo mitzunehmen. Als sie zu dem Gekreuzigten hinaufstieg, fiel ein Arm des Christus auf sie herab. Zu Tode erschrocken, nahm sie von ihrem Einfall Abstand.

Heute verehrt man den *Cristo de Burgos* in der Kathedrale. Seine Kapelle lädt zur Andacht und Besinnung ein. Zu Füßen des *Cristo* liegen fünf Straußeneier, die ihm ein anderer Kaufmann einst als Geschenk aus Afrika darbrachte.

Burgos und seine Kathedrale

Schnitzwerk mit Kalbshaut

Abseits aller Legendenversionen dürfte der Ursprung des Christus von Burgos im Flandern des frühen 14. Jahrhunderts zu suchen sein. Im Zuge blühender Handelsbeziehungen wurde die Skulptur per Schiff in einen der kantabrischen Häfen und über Land in den Convento de San Agustín nach Burgos gebracht. In diesem Augustinerkloster blieb sie bis zur Säkularisation 1835/36, ehe sie in die Kathedrale kam. Dort gab man ihr eine eigene Kapelle, die Capilla del Santísimo Cristo.

Die realitätsgetreue Ausdruckskraft der Skulptur rührt nicht zuletzt von den verwendeten Materialien her: menschliche Fingernägel, echtes Haar sowie mit Kalbshaut überzogenes polychromiertes Schnitzwerk.

Besuch: Die *Capilla del Santísimo Cristo* gehört zum Verbund aus 19 Kapellen in der gotischen Kathedrale Santa María, eine der prächtigsten Glaubensburgen Europas. Allein durch ihre Maße stellt Burgos' *Catedral* alle anderen Gotteshäuser am Jakobsweg in den Schatten: 108 Meter lang und 61 Meter breit, die gotischen Turmhelme stechen 84 Meter hoch in den Himmel.
Höhepunkte des Besuchs: das skulpturenreiche Südportal *(Portal del Sarmental)*, das Ende des 16. Jahrhunderts vollendete Hauptretabel mit seinen großen Reliefs und dem versilberten Madonnenbildnis, die Vierungskuppel mit Sternrippengewölbe, das Grabmal des El Cid, der 103-stühlige Chor aus Nuss- und Buchsbaumholz, die „Vergoldete Treppe" *(Escalera Dorada)* des Diego de Siloé, die Kapelle des Konnetabels *(Capilla del Condestable)*, die Reliefs des Hinteraltars, die kuriose Papamoscas-Uhr sowie der vom Kreuzgang her zugängliche Domschatz samt „Truhe des El Cid" (siehe nachfolgende Legende).
Geschichte und Gegenwart: Stadtgründer Burgos' war Graf Diego Porcelos (884), in frühen Zeiten sorgten Wollhandel und Jakobs-

wegboom für Aufschwung. Es gab nicht weniger als 32 Pilgerspitäler. Initiiert von Bischof Mauricio und dem kastilisch-leonesischen König Ferdinand III., dem Heiligen, begannen die Bauarbeiten der Kathedrale im Jahre 1221 und zogen sich mehrere Jahrhunderte hin. Heute gehört sie zum Weltkulturerbe der UNESCO und ist in jüngster Zeit umfangreich restauriert worden. Seitdem trägt ihre steinerne Außenhaut wieder hellen Glanz.

Öffnungszeiten: Die Kathedrale von Burgos öffnet täglich vor- und nachmittags.

Lage und Anfahrt: Die Hauptstadt der kastilisch-leonesischen Provinz Burgos liegt auf halbem Weg zwischen Pamplona und León; Jakobsweg bzw. Nationalstraße N-120 ziehen sich von Ost nach West durch die Stadt.

Besondere Tipps: Burgos' quicklebendige Altstadt legt sich um die Kathedrale und die arkadenbeflankte Plaza Mayor. Die Flanierpromenade Paseo del Espolón hält sich parallel zum Fluss, ein Aufstieg zum Burgpark *(Parque del Castillo)* garantiert gute Aussicht.

Schatztruhe der Gotik und seltene Klöster

Oberhalb der Kathedrale öffnet sich die gotische Kirche San Nicolás de Bari mit ihrem einzigartig verschnörkelten Steinretabel des Francisco und Simón de Colonia als wahre Schatztruhe. An den Stadträndern liegen zwei interessante Klöster mit selten gewordenen Ordensgemeinschaften: die Cartuja de Miraflores, ein Kartäuserkloster aus dem 15. Jahrhundert mit dem Grabmal der Eltern der Katholischen Königin Isabella, sowie das Real Monasterio de las Huelgas, ein Zisterzienserinnenkloster mit zwei Kreuzgängen und einer Reihe königlicher Grabstätten. Im einstigen Kornspeicher des Huelgas-Klosters wurde ein kleines Museum mit mittelalterlichen Grabbeigaben und Gewändern eingerichtet.

Die Kathedrale von Burgos (Puerta del Sarmental, Südportal), eine der prächtigsten Glaubensburgen Europas.

Die trügerischen Schatztruhen des El Cid

Zu jener Zeit, da König Alfons VI. seinen treuen Gefolgsmann El Cid zu Unrecht verbannt, setzt er ihm eine strikte Frist. Neun Tage bleiben dem Cid, um sein geliebtes Kastilien zu verlassen. Er beweint den Abschied aus seinem Heimatort Vivar und begibt sich nach Burgos, wo ihn aus Furcht vor Strafe niemand aufnehmen will. Der in königliche Ungnade gefallene Adelige kommt nicht umhin, sein Lager vor den Toren der Stadt aufzuschlagen. Einzig Martín Antolínez, ein mutiger burgalesischer Edelmann, versorgt ihn mit Wein und Brot.

In akute Geldnot geraten, ersucht der Cid ihn um weitere Mithilfe und schickt Martín Antolínez nach Burgos hinein zu Raquel und Vidas, zwei jüdischen Händlern. Im Tausch gegen ein stattliches Leihsümmchen bietet er ihnen zwei große Truhen, mit Sand gefüllt und wohl verschlossen, als Schatzdepots an. Seine auf diese Art hinterlegten Reichtümer, lässt der Cid ausrichten, könne er nicht mitnehmen, da zu schwer. Das Äußere der Truhen täuscht über ihren wahren Inhalt hinweg. Sie sind mit feinstem rotem Leder und vergoldeten Nägeln verziert. Vorsorglich bittet der Cid den Schöpfer und alle Heiligen um Nachsicht …

Im Vertrauen auf ein gutes Geschäft willigen Raquel und Vidas ein. Im Schutz der Nacht brechen sie mit Martín Antolínez zum Lager auf, meiden die Flussbrücke und durchreiten die Wasser des Arlanzón. Hocherfreut kommen sie mit dem Cid zusammen und wittern nicht einmal dann ein falsches Spiel, als man ihnen auferlegt zu schwören, die Truhen unter keinen Umständen im laufenden Jahr zu öffnen. Mit den Schätzen als Garantie in ihrer Obhut, malt ihnen der Cid ein ewiglich sorgloses Leben aus.

Mit Hilfe von Martín Antolínez schaffen Raquel und Vidas beide Truhen heimlich hinfort in ein Versteck. Sie händigen ihm ei-

El Cid – der legendäre Nationalheld wurde zum Inbegriff des edlen spanischen Ritters.

ne reiche Anleihe in Goldmünzen aus und belohnen den Mittelsmann mit einem kleinen Zusatzanteil. Er kehrt zum Cid zurück und übergibt ihm das Geld. Am nächsten Morgen nimmt der Cid Abschied von Burgos.

„Wer weiß, ob ich in meinem ganzen Leben noch einmal zurückkehre?!", stößt er aus und ruft die heilige Jungfrau und Gottesmutter Maria beim Abschied um Schutz an. Später, so sagt man, gab der Cid den jüdischen Händlern das „geliehene" Geld zurück.

Auf den Spuren des El Cid in Burgos

Verbannung eines edlen Streiters

Nationalheld El Cid, 1043-1099, eilte der Ruf eines großen Kämpfers voraus. Eigentlich hieß er Rodrigo Díaz de Vivar und stammte aus dem Örtchen Vivar, heute Vivar del Cid (Provinz Burgos). Intrigante Kräfte bewirkten, dass ihn der kastilisch-leonesische Monarch Alfons VI., der Tapfere, aus dem Reich verbannte. Er kämpfte vorübergehend für die Mauren, schlug sich zurück auf die christliche Seite und eroberte 1094 Valencia aus feindlicher Hand. Unter dem Zeichen des Kreuzes hielt er die Mittelmeerstadt bis zu seinem Tod.

Mitte des 12. Jahrhunderts entstand das „Poema de mío Cid", ein Epos, das den Cid als Idealbild edlen spanischen Rittertums in höchste Sphären hob. Der erste Teil des „Poema" schildert ausführlich seinen Halt in Burgos, inklusive der Truhen-Episode, bevor er zum Kloster San Pedro de Cardeña aufbricht. Dort sagt er seiner Frau Doña Jimena und seinen Töchtern Lebewohl und setzt den Weg ins Ungewisse der Verbannung fort.

Geschichte und Gegenwart: Die Kathedrale von Burgos bewahrt ein reiches Angedenken an El Cid. Zusammen mit seiner Frau Doña Jimena liegt er im Zentrum des Querschiffs begraben, das Kathedralmuseum zeigt den Ehekontrakt. Zwischen Kreuzgang und altem Kapitelsaal hängt hoch über den Köpfen der Besucher eine der beiden legendären „Schatztruhen"; der einstmals reiche Zierrat an jenem „Cofre de El Cid" ist allerdings verschwunden.

Außerhalb der Kathedrale hat der Cid seinen Platz in der Skulpturenfront des Stadttors Santa María sowie – hoch zu Pferde – als monumentales Standbild auf der Plaza del Cid gegenüber dem Stadttheater.

In der Meseta: Höllenglut über baum- und strauchlosen Weiten.

Höllenglut über der Meseta

Folgt man weiter dem Jakobsweg, geht es westlich von Burgos durch die Meseta nach León. Im Winter pfeifen eisige Winde über Spaniens Hochebene, im Sommer steht Höllenglut über den baum- und strauchlosen Weiten. Interessante Ziele am Wege: die typischen Pilgerdörfer Hornillos del Camino und Hontanas, die Ruinen des gotischen Klosters San Antón, das von Burgresten überragte Castrojeriz, die Pilgerbrücke über den Río Pisuerga, der gotische Gerichtspfeiler in Boadilla del Camino sowie die von über 300 Sparrenfiguren umzogene romanische Kirche San Martín in Frómista.

Das wundersame Wirken des Santo Domingo de Silos

Domingo de Silos galt als unermüdlich. Er lebte nach der Ordensregel des heiligen Benedikt, stand einem Kloster im Tabladillo-Tal vor und nahm alle erdenklichen Tätigkeiten auf sich. So fertigte er die Entwürfe für den Kreuzgang und trieb den Bau persönlich voran, er predigte das Wort Gottes ohne Unterlass, verwaltete neue Schenkungen und hieß zahlreiche Pilger willkommen. Mit seiner unbändigen Kraft galt er ihnen und allen anderen der Gemeinschaft als Herr über das Kloster und als leuchtendes Vorbild. Aus den Fundamenten seines unbeirrbaren Glaubens und seiner Frömmigkeit erwuchsen göttlichc Gaben. Er nahm Wunderhcilungen vor und brachte manche, die vom Wege abgekommen waren, zurück auf den rechten Pfad. Einige Episoden sind überliefert ...

Im großen Garten des Klosters wuchs reichlich Porree und anderes Gemüse. Eines Nachts verspürten einige dunkle Gesellen diebischen Appetit. Sie verschafften sich mit geschulterten Säcken Zutritt und wollten sie so rasch wie möglich füllen. In dem Moment, da sie die ersten Pflanzen berührten, sahen sie sich von mysteriösen Mächten umgeben. Das üppige Grün verschwand, zurück blieb nur öde Brache, ihre Hände und der Verstand gehorchten ihnen nicht mehr. Statt zu stehlen machten sie sich daran, den Acker zu bestellen. Stunde um Stunde hackten und gruben sie nach Leibeskräften und schufteten bis zum Sonnenaufgang. Als sie erschöpft und übermüdet dastanden, trat Abt Domingo aus der Kühle des Morgens zu den Gestalten. Er lächelte vielsagend, lobte ihre fleißige Arbeit und lud sie zum Frühstück im Refektorium ein. Zum Abschied sagte er:

„Freunde, ich verzeihe euch die böse Absicht und hoffe, dass ihr keine ähnlichen Nächte mehr verbringen wollt."

Die Großmut des Abtes blieb niemandem verborgen. Immer wieder fanden sich Bettler ein, doch nicht alle bedurften wirklich der Hilfe der Brüder. Manche Burschen hüllten sich in Sichtweite des Klosters in Lumpen, versteckten ihre gute Kluft in einem Gässchen hinter der Kirche und baten am Tor um eine milde Gabe.

Eines Tages wurden wieder einmal zwei Bedürftige vorstellig. Domingo, ahnend, dass es sich um falsche Bittsteller handelte, nahm sie freundlich in Empfang. Sogleich wies er einen der Mönche an, sich rund um die Mauern nach zwei Bündeln umzusehen. Nach kurzer Zeit kam dieser zurück und gab Domingo ein Zeichen, dass die Suche erfolgreich gewesen sei. Domingo lächelte still in sich hinein. Er ging hinaus, steckte den Inhalt der Bündel in zwei andere Säcke, kam zurück und sagte:

„Ihr seht wirklich elend aus, Brüder. Mit gutem Instinkt für euren Geschmack haben wir neue Kleider ausgesucht, die ihr draußen gegen die alten schmutzigen tauschen könnt." Domingo empfahl sich mit einem „Gott segne euch". Vor der Pforte rissen die beiden erwartungsvoll die Bündel auf und staunten.

„Der Kleiderrock sieht aus wie meiner", sagte der eine.

„Wüsste ich nicht, dass ich den Umhang im Gässchen versteckt habe, ich schwörte, er gehörte mir", sagte der Zweite ...

Domingo eilte der Ruf seiner Wunderheilungen voraus. Er half Blinden und Lahmen, Tauben und jedweden Kranken. Eines Tages bemerkte er, dass einer der Knechte des Klosters ihm aus dem Wege ging und seine Arbeit nur halbherzig zu verrichten schien.

Domingo ließ ihn zu sich rufen und fragte nach den Gründen. Sein Gegenüber schaute betrübt zu Boden und zog eine Hand hervor, die über und über mit schlimmen Pusteln bedeckt war. Während der Knecht vor Schmerz stöhnte, untersuchte Domingo das infizierte Fleisch und sagte:

„Fürchte dich nicht, Knecht. Kehre aufs Feld zurück und gehe deiner Arbeit nach wie immer. Alles wird heilen, glaube mir. Vertraue einzig und allein der Barmherzigkeit Gottes."

Als der Knecht verschwunden war, rief Domingo die Brüder zum Gottesdienst zusammen. Gemeinsam beteten sie für den Jungen, der tags darauf vor den Abt trat und ihm strahlend seine Hand hinhielt. Sie war vollkommen unversehrt, nicht die winzigste Spur einer Narbe war zu sehen.

Wundersame Geschehnisse nach seinem Tod brachten Domingo den Beinamen *Redentor de Cautivos* ein, „Retter der Gefangenen". Zu jener Zeit tobten die Kämpfe zwischen Mauren und Spaniern. Viele Christen fielen in die Hände der Feinde, wurden von den Muselmanen verschleppt und als Sklaven verkauft.

In ihrer Not sehnten die Eingekerkerten die Hilfe Gottes und des Domingo de Silos herbei. So kam es, dass ein ums andere Mal strahlendes Licht die Verliese erfüllte. Der heilige Abt erschien und löste die Ketten der Gefangenen, ehe sich die Tore in die Freiheit öffneten.

Verständlich, dass ein reicher Maure namens Aboazar den Heiligen fürchtete. Einige ersteigerte Christen waren ihm auf diese Art bereits abhanden gekommen. Nun besaß er einen neuen Sklaven, den er bei einem großen Empfang in Granada zu Ehren der Oberen opfern wollte. Aus Angst vor einem erneuten übernatürlichen Eingriff schmiedete er einen Plan für die letzte Nacht vor dem Fest. Er kettete den Gefangenen an sich, steckte diesen in eine Truhe und setzte einen Hund, einen Hahn und eine Henne als Wächter auf den Deckel.

Aboazar schlief guten Gewissens ein, während der Christ den Abt um Hilfe anrief. Heimlich gelang es Domingo, die beiden Männer, die Truhe und die Tiere ins Kloster von Silos zu bringen.

Am Morgen setzte Geläut ein. Der Hund schlug an. Aboazar fuhr erschreckt aus dem Schlaf.

„Was sind das für Viehglocken?", fragte er ins Dunkle hinein.

„Es sind keine Viehglocken", ertönte eine Stimme, „es sind die Glocken der Christen."

Aboazar blieb im Kloster von Silos. Er nahm den christlichen Glauben an und wurde ein guter Diener Gottes.

Monasterio de Santo Domingo de Silos

Besuch: Ein Traum in Stein – im Kloster Santo Domingo de Silos öffnet sich einer der schönsten romanischen Kreuzgänge Spaniens. Im 11. und 12. Jahrhundert erbaut, besteht er aus Galerien mit grazilen Doppelsäulen voll fantasiereicher Kapitelle. Monster und Kobolde ziehen vorbei, Affen und Adler, streitende Löwen und Frauen mit Vogelleibern. Ähnlich wie im Kreuzgang der Kirche San Pedro de la Rúa in Estella, hat einer der Steinmetze eine gewundene Säule als „Handschrift" hinterlassen. Acht meisterhafte Basreliefs machen Themen wie die Ankunft des Heiligen Geistes und die Zweifel des Thomas greifbar. Das eindrucksvollste Relief schafft konkreten Bezug zum Jakobsweg: Jesus, begleitet von den Emmaus-Jüngern, trägt eine Pilgertasche mit dem Muschelsymbol. Obgleich abseits des Hauptweges, nahmen unzählige Pilger im Lauf der Jahrhunderte einen Abstecher nach Silos in Kauf.

Über den unteren Kreuzgang legt sich eine mudejare Deckentäfelung aus dem 14. Jahrhundert, ein separater Zugang führt in die alte Apotheke.

Ein Traum in Stein – der Kreuzgang von Santo Domingo de Silos.

Geschichte und Gegenwart: Urkundlich belegt ist das Kloster seit 954, die Ursprünge des christlichen Gemeinschaftslebens im Tabladillo-Tal reichen in westgotische Zeiten zurück. Nach zerstörerischen Übergriffen der Mauren forcierte Abt Domingo den Neuaufbau von Silos, das wegen seiner Schreib- und Goldschmiedewerkstätten Berühmtheit erlangte. Im 18. Jahrhundert wurde die romanische Kirche durch eine klassizistische ersetzt. Nach der Säkularisation blieb Silos 1835-1880 verlassen und wird heute von etwa 30 Benediktinern bewohnt.
Öffnungszeiten: Sonntag und Montag 16.30 – 18.00 Uhr, Dienstag bis Samstag 10.00 – 13.00 und 16.30 – 18.00 Uhr.
Lage und Anfahrt: Rund 65 km südöstlich von Burgos, Anfahrt über Lerma oder Cuevas de San Clemente.
Besonderer Tipp: Mit ihren gregorianischen Gesängen haben die Benediktiner von Silos vor Jahren die Charts gestürmt; Gelegenheit ihnen zuzuhören besteht bei den frühabendlichen *vísperas* in der Klosterkirche.

Schafsmilch für Pilger

Der Namensgeber des Klosters kam um das Jahr 1000 im riojanischen Örtchen Cañas zur Welt, verdingte sich in jungen Jahren als Hirte und soll Jakobspilger mit gehaltvoller Schafsmilch versorgt haben.

In seinem Heimatort Cañas trat er in den Kirchendienst ein, zog sich als Einsiedler in die nahen Montes de Cameros zurück und schloss sich der Benediktinergemeinschaft von San Millán de la Cogolla an. Im Jahre 1041 kam er als Abt nach Silos und leitete das Monasterio bis zu seinem Tod 1073. Sein Grab erwuchs zur Wallfahrtsstätte und wird heute in einer Seitenkapelle der Klosterkirche verehrt.

Folgt man den Legenden, soll Domingo als „Redentor de Cautivos" sage und schreibe 13.000 Gefangene aus maurischer Hand gerettet haben. Über dem kleinen Altar im Kreuzgang hängen Stücke gesprengter Ketten, die ihm Befreite darbrachten.

Die wundersamen Madonnen von Villalcázar de Sirga

Seit Tagen verdunkelte bedrohliches Schwarz die Meseta. Blitz und Donner entluden sich mit grollender Kraft, die Landregen nahmen kein Ende. Rund um Villalcázar de Sirga hatten sich riesige Seen gebildet, der kleine Río Ucieza war Besorgnis erregend angeschwollen.

Nun zog ein neues Unwetter auf, das mit besonderer Urgewalt tobte. Villalcázar de Sirga versank in Hagel und Regenschleiern, die Bewohner verharrten in ihren Häusern.

„Wenn nur unserer Marienkapelle am Fluss nichts passiert", dachten sie.

Als die sintflutartigen Niederschläge zunahmen, trotzte ein frommer Bauer dem Wetter und eilte zur Kapelle am nahen Río Ucieza. Aufgebracht stürzte er zurück und schlug Alarm. Das Flüsschen, berichtete er, habe sich in einen reißenden Strom verwandelt und das kleine Heiligtum fortgerissen.

Als die Dörfler die Wasser erreichten, sahen sie, wie totes Vieh und entwurzelte Bäume in den Fluten trieben. Von ihrem geliebten Kirchlein war nichts geblieben. Plötzlich entdeckten sie auf ihrer Seite am Ufer ein längliches Gebilde, um das herum das Wasser heftig sprudelte. Ein gerindeter Stamm? Ein Mensch? Es schien ganz so, als kämpfe der Gegenstand verzweifelt gegen die gefährliche Strömung an. Ein paar Männer fassten sich beherzt an den Händen und bildeten eine Kette, der Vorderste bekam das Gebilde zu fassen und zog es aus den Fluten.

Die Umstehenden trauten ihren Augen nicht. Sie standen sprachlos da. Vor ihnen lag ein Bildnis der heiligen Jungfrau, aber ein anderes als jenes, das sie in ihrer verschwundenen Kapelle verehrt hatten. Nach Ende der Unwetter begann man mit dem Bau einer neuen Kapelle und nannte sie *Santuario de la Virgen del Río*, Heiligtum der Jungfrau vom Fluss.

Villalcázar de Sirga

Geschichte und Gegenwart: Eingefasst ins einsame Höhenflachland, ragt die romanisch-gotische Templerkirche Santa María la Blanca klobig aus dem Pilgerörtchen Villalcázar de Sirga auf. Im reichen Skulpturenwerk des Südportals sieht man die weiße Madonna vereint mit dem Dichterkönig Alfons X., dem Weisen (1221-1284). Ehrfürchtig kniet der kastilisch-leonesische Herrscher neben der heiligen Jungfrau. Im Kircheninnern findet man weitere anmutige Marienbildnisse im Hauptretabel und in der Jakobus-Kapelle. Drei gotische Sarkophage umhüllen die sterblichen Überreste des Infanten Don Felipe (1274 verstorbener Sohn von Ferdinand III., dem Heiligen) und seiner zweiten Frau Leonor Ruiz de Castro sowie eines Tempelritters namens Juan Pérez.

Die weiße Madonna

Bekannter als die Jungfrau vom Fluss ist Villalcázars weiße Madonna, die man in der Templerkirche verehrt: Santa María la Blanca. Man schrieb ihrem Bildnis die wundertätigsten Werke zu. Allen voran der Dichterkönig Alfons X., der Weise, der sie in seinen Lobpreisgesängen, den Cantigas, anhimmelte. Die weiße Maria, so heißt es, heilte zahlreiche Kranke und erweckte sogar Tote zum Leben. Mit Ungläubigen hatte sie kein Erbarmen. Als eines Tages Sarazenen ihr Bildnis herunterreißen wollten, griff sie zum letzten Mittel und ließ sie erblinden. Vielen frommen Pilgern hingegen schenkte sie ihr Augenlicht zurück.

Öffnungszeiten: Die Kirche Santa María la Blanca hat nicht immer zuverlässig geöffnet; von März bis Oktober/November im Regelfall täglich, im Winter meist nur sonntags.

Lage und Anfahrt: Villalcázar de Sirga liegt rund 85 km westlich von Burgos direkt am Jakobsweg. Die von Frómista nach Carrión de los Condes verlaufende Landstraße streift den Ort.

Besondere Tipps: Im nahen Carrión de los Condes lohnen das Portal der Santiago-Kirche und das kleine Kunstmuseum des Konvents Santa Clara einen Besuch.

Die Jungfrau vom Wege

Frühlingsluft war hinaufgezogen in die kastilische Hochebene und hauchte den spärlichen Pflanzenkleidern der Meseta neues Leben ein. An jenem schicksalsreichen Tag stand die Sonne noch tief, ihre aufziehende Wärme kämpfte gegen den frostigen Morgen. Álvar Simón, ein frommer Hirte, war mit seinen Schafen unterwegs zu neuen Weidegründen und führte sie an den Rand des weiten Beckens von León. Er war seit frühester Stunde auf den Beinen und fühlte sich müde, die Tiere wirkten unruhig.

Am Jakobsweg breitete Álvar ein Sackleinen auf dem feuchten Bodenflor aus und legte sein Bündel und seine Steinschleuder ab. Er setzte sich nieder und ließ seiner Herde freien Lauf. Niemand war zu sehen, kein Wanderer, kein Reiter. Gedankenverloren wanderte sein Blick hinab in die Ferne, wo sich der städtische Mauerring Leóns und der feine glitzernde Strang des Río Bernesga aus dem Grün abhoben. Ein plötzlicher Blitz durchzuckte den Tagtraum des Hirten. Er schreckte hoch, sein Herz pochte laut. Was war geschehen? Gelähmt vor Angst, war er unfähig zu fliehen.

Jetzt entlud sich ein zweites Leuchten, gefolgt von einem dritten. Inmitten des gleißenden Lichts, strahlender als die Sonne, erblickte er die heilige Jungfrau. Langsam kam sie auf ihn zu.

„Hirte“, hörte er sie sagen, „ich gebiete dir, an dieser Stelle eine Kapelle zu meinem Gedenken errichten zu lassen. Damit du den Platz nicht vergisst, hinterlasse ich dir ein Zeichen.“

Sie nahm die Steinschleuder des erstarrten Álvar, hob einen Kiesel auf und schleuderte ihn fort. Dort, wo das Steinchen niederfiel, formte sich sogleich ein mächtiger Fels. Die heilige Jungfrau verschwand.

Álvar vergaß die Welt um sich herum, stürzte hinab nach León und suchte die kirchlichen Autoritäten auf. Gemeinsam kehrten sie mit ihm an die mysteriöse Stelle zurück und schenkten dem Hirten Glauben. Kurz darauf entstand in der Einsamkeit eine kleine Kapelle mit einem Bildnis der heiligen Madonna. Man nannte sie *Virgen del Camino*, Jungfrau vom Wege.

Virgen del Camino und León

Lichtflut in der Kathedrale

Als Patronin von León hält die Jungfrau vom Wege ihre schützende Hand über die alte junge Hauptstadt der gleichnamigen Provinz im Nordwesten Kastilien-Leóns. Wahrzeichen der Stadt ist die Kathedrale Santa María de la Regla, ein gotischer Prachtbau, der Besucher im Innern mit einer Lichtflut durch 1800 m² Buntglasfenster aufnimmt. Pilger zieht es in der Altstadt zur Stiftskirche San Isidoro mit ihrem Ablassportal, den Reliquien des heiligen Isidor von Sevilla sowie dem königlichen Pantheon, das man wegen seiner romanischen Decken- und Wandmalereien „Sixtinische Kapelle der romanischen Kunst" nennt. Weiterhin interessant: Antoni Gaudís Casa de Botines und der einstige Kloster- und ritterliche Stammhauskomplex San Marcos mit seiner plateresken Fassade.

Das glaubensstrenge León begeht mit Inbrunst die Karwoche, bei der Laienbruderschaften mit Standbildern durch die Straßen ziehen.

Geschichte und Gegenwart: Die heilige Jungfrau soll dem Hirten im Jahre 1505 erschienen sein. Im selben Jahr begannen die Arbeiten an ihrem Bildnis und einem ersten bescheidenen Heiligtum, das von einer der wenigen modernen Kirchen am Jakobsweg abgelöst wurde. Die Architektur des Betonbaus geht auf den portugiesischen Dominikanermönch Francisco Coello zurück und datiert aus dem Jahr 1961. Die Hauptfassade wendet sich dem 53 Meter hohen Kreuzturm zu und ist mit Bronzeskulpturen des katalanischen Bildhauers José María Subirachs ausstaffiert, der auch an der berühmten Sagrada Família in Bar-

celona mitgewirkt hat. Die Skulpturenreihe zeigt die gekrönte Jungfrau Maria inmitten der zwölf Apostel, jede der schlanken Figuren misst sechs Meter und wiegt 700 Kilogramm.
Lage und Anfahrt: Virgen del Camino liegt 8 km westlich von León direkt an der Nationalstraße N-120.

Gotischer Prachtbau und ein Wunderwerk der Glaskunst – die Kathedrale von León.

Der tolldreiste Ritter Suero de Quiñones und seine Kämpfe an der Brücke des Órbigo

Eine hübsche Adelsdame brachte Suero de Quiñones schier um den Verstand. Sobald er an sie dachte, geriet seine Gefühlswelt außer Kontrolle. Als Zeichen der „Gefangenschaft seiner Liebe“ legte er jeden Donnerstag einen schweren Eisenring um seinen Hals und fastete. Er fühlte sich wie ein Sklave seiner selbst. Wie mochte es ihm gelingen, aus der inneren Unfreiheit auszubrechen? Der Ritter zermarterte sich den Kopf.

Als er von einem Turnier in Madrid erfuhr, bei dem ein edler Streiter zahlreiche Zweikämpfe zu Pferde bestanden hatte, kam ihm eine Idee. Auch er würde Mut und Tapferkeit beweisen und sich der Frage der Ehre stellen. Er wollte andere Ritter herausfordern und Lanzen brechen, in solch großer Zahl wie niemand zuvor. Nur so, redete er sich ein, könne er sich befreien. Suero de Quiñones begann Pläne zu schmieden ...

Man schrieb den Neujahrstag 1434, als König Juan II. auf der Burg von Medina del Campo ein rauschendes Fest gab. Die Musik verstummte und die Paare stellten ihre Tänze ein, als plötzlich Suero de Quiñones und neun andere Ritter eintrafen. Sie kamen in voller Rüstung und ersuchten den Herrscher um eine Audienz.

Vor den gespannten Augen aller bat Suero de Quiñones den Monarchen um Erlaubnis für ein nie da gewesenes Turnier, um sich aus seinen sentimentalen Zwängen zu lösen. Als Schauplatz schlug er die Brücke über den Río Órbigo vor, ebendort, wo im Sommer besonders viele Pilger nach Santiago erwartet wurden. Schließlich war gerade ein Año Santo angebrochen, ein heiliges Jahr im Zeichen des Jakobus. Gemeinsam mit seinen Streitern wolle er, Suero, fünfzehn Tage vor und fünfzehn Tage nach dem Festtag des Apostels jeden vorbeiziehenden Ritter zum Zweikampf fordern und insgesamt dreihundert Lanzen brechen.

König Juan nahm den Ritter ernst, unterbrach das Fest und zog sich mit seinen Ratgebern zurück. Dann stimmte er dem Wunsche Sueros zu und verkündete ein Protokoll, das festlegte, wie man den ritterlichen Ehrenkodex zu achten, die Pferde zu reiten und die Lanzen zu halten habe. So ebnete der Monarch den Boden für die Kämpfe am „Ehrenvollen Übergang“, dem *Passo Honroso* ...

Wochen vor Beginn nahm das Turnierfeld an der Brücke von Órbigo Gestalt an. Daneben entstand eine gigantische Zeltstadt, die dem Jakobsweg seine spirituelle Stille nahm und viele Pilger aus ihrer Versunkenheit schreckte. Die nahenden Gefechte waren Gesprächsthema auf dem ganzen *Camino Francés.*

In Hoffnung auf gute Geschäfte, trafen alle erdenklichen Händler am Órbigo ein. Derweil schafften Suero de Quiñones und die Seinen die besten Pferde Kastiliens heran. Sie beschäftigten Schwert- und Lanzenmacher, Schmiede und Schreiner. Unermüdlich orderten sie kostbares Porzellan für die Festbankette, besticktes Leinen und Lampen für die Zelte, Stoffe und Stäbe für Flaggen, Felle und Teppiche für die Lager. Sie richteten das Koch- und das Vorratszelt ein, bestellten Hirsche und Pfaue, Kapaune und Rindfleisch, Wein und Gemüse. Im Sanitätszelt bereitete man Bodenpritschen und Umschläge für Verletzte vor und präparierte die seltsamsten Hausmittelchen gegen alle erdenklichen Wunden und Schäden – bis hin zum hochprozentigen Hausbrand, der den stärksten Streiter umhaute.

Es konnte losgehen ... Im festlichen Rahmen des Turnierfelds kündigte ein Trompeter den ersten Zweikampf an, der den tolldreisten Suero de Quiñones mit einem Ritter aus Deutschland zusammenführte. Erhaben saßen sie hoch auf den Streitrossen. Die Sonne tauchte ihre Harnische in gleißenden Glanz. Beide richteten Helme und Schilde, dann stürmten sie vor den Tribünen und den Augen der Richter und Schreiber los. In einer Wolke aus Staub trafen sie krachend aufeinander, Metall stieß brutal auf Metall ...

Suero de Quiñones gewann sein erstes Duell, gefolgt von vielen weiteren. Im Laufe der nächsten Wochen, vom 12. Juli bis 10. August des heiligen Jahres 1434, stellten sich ihm und seinen Getreuen abenteuerlustige Krieger aus Frankreich und Italien entgegen, aus Katalonien und Valencia. Über alle behielten sie die Oberhand, mancher Kampf ging folgenschwer aus. Ein Lanzenstich ins Auge löschte das Leben des Esberte de Claramonte aus, im Gefecht mit Juan de Merlo zog sich Suero schwerste Hand- und Armverletzungen zu.

Nach Ablauf der veranschlagten Zeit erklärten die Turnierrichter Suero de Quiñones für befreit aus seiner Gefangenschaft. Beifall brandete auf. Der Ritter übergab den Richtern seinen eisernen Halsring. Erlöst und im Frieden mit sich selbst, kehrte Suero de Quiñones auf die elterliche Burg nach Laguna de Negrillos zurück. Er kurierte seine Blessuren aus und begab sich auf die Wallfahrt nach Santiago. In Erinnerung an sein Halseisen vermachte er dem heiligen Apostel ein goldenes Band.

Im nachfolgenden Frühjahr heiratete Suero de Quiñones, der Held des *Passo Honroso*, Doña Leonor de Tovar. Endlich gab er die Identität jener Herzensdame preis, die ihn einst in die „Gefangenschaft der Liebe“ getrieben hatte. Es war seine jetzige Frau.

Puente de Órbigo

Geschichte und Gegenwart: Auf der mittelalterlichen Steinbrücke hält eine Tafel die Geschehnisse um Suero de Quiñones im Gedächtnis; der Ritter soll 1409-1458 gelebt haben. Die Brücke gehört zu den eindrucksvollsten am Jakobsweg, spannt sich in 20 Bögen über den Río Órbigo und verbindet das Örtchen Hospital de Órbigo mit Puente de Órbigo; die ältesten Bauteile stammen aus dem 13. Jahrhundert. Aus Hospital de Órbigo ist ein einstmals wichtiges Pilgerhospiz des Johanniterordens verbürgt.

Kampf gegen Pappnasen

Seit einigen Jahren kehrt das altritterliche Ambiente nach Puente de Órbigo zurück. Anfang Juni, dies der Normalfall, stehen die „Mittelalterlichen Turniere" (Justas Medievales) auf dem Freigelände am Flussufer an. Gespannt erwarten Tausende Besucher diverse Geschicklichkeitswettstreits zu Pferde. Rüstungen und Standarten gehören ebenso selbstverständlich ins Bild wie die Ankunft der Ritter. Gut, dass es die Lanzenstecher in wildem Galopp einzig mit aufgespießten Pappköpfen aufnehmen ...

Lage und Anfahrt: Puente de Órbigo liegt mitten im Ödland (Páramo) der kastilischen Hochebene, 32 km südwestlich von León. Die Nationalstraße N-120 Richtung Astorga führt über die moderne Brücke und erlaubt Motorisierten den Blick auf den alten Übergang, der aufgrund seiner geringen Breite einzig Fuß- und Radpilgern vorbehalten bleibt.

Eisernes Kreuz und Ablassportal

Westlich von Puente de Órbigo hält der Jakobsweg auf die alte Römer- und Kathedralstadt Astorga zu, zieht sich durch abgeschiedene Wald- und Heidegebiete des Landstrichs Maragatería auf 1506 Meter hinauf zum „Eisernen Kreuz" (Cruz de Ferro), fällt nach Ponferrada (Templerburg) ab und verläuft durch üppige Weingärten nach Villafranca del Bierzo, das vor dem Übergang nach Galicien die letzte nennenswerte Station in Kastilien-León markiert. In Villafranca del Bierzo tritt man an die romanische Santiago-Kirche mit ihrem berühmten Ablassportal heran sowie an die Klosterkirche des mutmaßlich von Franz von Assisi persönlich begründeten Convento de San Francisco.

Das eucharistische Wunder vom Cebreiro

Es begab sich zu tiefster Winterszeit. Seit Wochen bereits tobten Unwetter im Gebirge, doch an jenem Tag, als sich die Lebensfäden des ungläubigen Mönchs und des frommen Bauers auf dem Cebreiro kreuzen sollten, zischte und heulte der Wind besonders stark. Eisige Böen peitschten die Kämme der galicischen Bergwelt, während sich Wolkenbänke über Nacht gesenkt und die Täler mit dichtem Dunst gefüllt hatten. Hoch oben auf dem Cebreiro, rund um Hospiz und Klosterkirche, herrschte dichtes Schneetreiben. Man konnte kaum mehr die Hand vor Augen erkennen, der Glockenturm schien wie von weißen Schleiern verschluckt.

Tief in einer der Senken, in Barxamaior, bereitete sich früh am Morgen ein alter Bauer auf den Aufbruch vor. Er hüllte sich in warme Sachen, schlüpfte in festes Schuhwerk, griff Tasche und Stock und Umhang und trat hinaus in die Kälte. Das Wetter schreckte ihn nicht. Konnten Stürme und Schnee einen Gläubigen zügeln? Sein Entschluss stand fest. Er wollte hinauf zum Cebreiro, um die Messe zu hören.

Der Weg ins Gebirge war ihm wohl vertraut. Er kannte jeden Viehpfad, jeden Abzweig, jeden Stein. Heute kam der Alte nur langsam voran. Die klirrende Kälte setzte ihm zu, Schneeflocken siebten diffuses Licht. Er schnaufte und stöhnte bei jedem Schritt, vor seinem Mund stand milchiger Hauch. Immer wieder stieß er die Spitze seines Steckens in den harten Grund und durch die Eisschicht gefrorener Pfützen. Man sah, wie sich die gebeugte Gestalt mühevoll aufwärts zog. Als er ausgelaugt den Cebreiro erreichte, spürte er kaum noch Füße und Finger. Er rieb die Hände aneinander, so gut es ging, klopfte sich unter den Eiszapfenreihen des Kirchenportals den Schnee aus den Kleidern und trat hinein ins Gotteshaus. Sogleich fühlte er sich wohlig aufgenommen, die Schwäche fiel von ihm ab. Allein die Stille des Raums gab ihm neue Kraft, es roch nach Kerzenwachs und Holz.

Er kam ein wenig zu spät. Die Messe hatte bereits begonnen. Der Bauer bekreuzigte sich, blickte sich suchend nach anderen um und erstaunte. Er war der einzige Kirchenbesucher.

Ein junger Mönch aus Aurillac las die Messe. Er hatte niemanden mehr erwartet. Das knarrende Portal ließ ihn aufhorchen. Ein eisiger Luftzug strich bis zum Altar. Der Mönch, heute erstmals mit der Aufgabe der Messfeier in der Klosterkirche von O Cebreiro betraut, blinzelte durch den Augenspalt und musterte den Fremden.

„Ein armer Ackersmann?", fragte er still in sich hinein und hob verächtlich die Brauen. „Was hat der denn hier zu suchen?"

Teilnahmslos fuhr der Mönch mit der Messe fort, zu der er sich von seinen Brüdern ungerechtfertigt abgestellt fühlte. Von Augenblick zu Augenblick steigerte sich sein Zorn. Wie eine Strafe mutete es ihn an, vor leeren Reihen zu predigen! Sollte sich jemand anders in die Kälte und den flackernden Kerzenschein stellen und die Worte verrauchen lassen, die immerselbe Leier nach dem ewiggleichen Ablauf. Welch eine nutzlose Pflicht! Und jetzt noch der Besucher! Besser keiner als einer, dann hätte er das Ganze zumindest abkürzen und früher an den Ofen zurückkehren können. Sieh einer an, dies dahergelaufene Bäuerlein! Hatte den Weg von irgendwoher nicht gescheut, um ein Stückchen Brot und einen Schluck Wein zu sehen.

„Er wird doch nicht gottergebener sein als ich selber?", dachte er auf einmal verunsichert. „Ein Vorbild der Frömmigkeit, dass er sich derart aufopfert?" Im Nu verfinsterte sich seine Miene. „Unmöglich", wisperte der Mönch und wischte seine abwegigen Gedanken beiseite.

Im Moment der Wandlung geschah es. Der ungläubige Zelebrant erstarrte vor Schreck. Er blieb wie gelähmt, als die Hostie auf der

Patene die Gestalt rohen Fleisches annahm. Im Kelch verwandelte sich der Wein in Blut. Das Blut schäumte auf, floss über den Rand des Kelches und durchtränkte das Leinen des Corporale …

Die Kunde vom eucharistischen Wunder verbreitete sich wie ein Lauffeuer über den ganzen Jakobsweg und beflügelte den Gralsmythos. Viele Jahre später fanden der fromme Bauer und der reumütige Mönch ihre letzte Ruhe in schlichten Steinsärgen. Man setzte sie beide in der *Capilla del Santo Milagro* bei, der „Kapelle des heiligen Wunders“. Kelch und Patene nehmen heute einen Ehrenplatz in der Kirche auf dem Cebreiro ein.

O Cebreiro

Geschichte und Gegenwart: Das aus ein paar Hand voll Häusern zusammengewürfelte Höhendorf O Cebreiro öffnet sich als Bergtor zu Galicien und war bereits in vorchristlichen Zeiten als Übergang bekannt. Auf jene Epoche gründen sich die trutzigen *pallozas* im Ortsbild, strohgedeckte Rundhäuser, wie sie damals die Kelten bauten. Eines der *pallozas* beherbergt heute ein winziges Volkskundemuseum.

Wegen seiner früh organisierten Pilgerpflege sticht O Cebreiro als eine der klassischen Stationen am Jakobsweg hervor. In der Bergeinsamkeit wurde 836 ein großes Hospital gegründet, das Kastiliens König Alfons VI. der Tapfere 1072 in die Hände französischer Mönche aus Aurillac legte. Jene Ordensbrüder aus der Auvergne hielten bis Ende des 15. Jahrhunderts die Pilgerbetreuung aufrecht, ehe sie auf Geheiß der Katholischen Könige von Benediktinern des Klosters San Benito el Real de Valladolid abgelöst wurden. Sie blieben bis zur verhängnisvollen Säkularisation im 19. Jahrhundert.

O Cebreiros restaurierte präromanische Kirche Santa María la Real geht auf das 9. Jahrhundert zurück und zeichnet sich durch ihre Schlichtheit aus. Hier verehren die Gläubigen ein romanisches Muttergottesbildnis. Eine Vitrine bewahrt die fassbaren Zutaten des eucharistischen Wunders auf: Kelch und Patene.

Lage und Anfahrt:
O Cebreiro liegt rund 30 km nordwestlich von Villafranca del Bierzo auf einem 1300 m hohen Pass zwischen den grünen galicischen Gebirgszügen Ancares und Courel; ab Pedrafita do Cebreiro ist der Abzweig auf den Cebreiro deutlich mit dem Jakobswegsymbol beschildert.
Besondere Tipps:
Zu Ehren Mariens und des Wunders ist O Cebreiro Schauplatz der *Fiestas de la Virgen y del Santo Milagro,* einer großen Wallfahrt am 8./9. September.

Letzte große Strapaze vor Santiago: der Aufstieg zum Cebreiro – noch 151 km bis Santiago.

Eine unscheinbare Bronzetafel am Ortsrandparkplatz gibt den Blick auf das erstaunliche Netz der Jakobswege frei, das sich quer durch Europa bis in den äußersten Nordwestwinkel Spaniens spannt (vgl. Seite 11).

Gelobtes Ziel gen Westen

151 Kilometer bis Santiago – unfehlbar genau zeigt der Muschelstein in O Cebreiro die verbleibende Strecke an. Gen Westen hält sich der Weg ein Stück im Höhengrün, sackt bis Triacastela ab und wellt sich durch Landschaften aus Wiesen, Weiden und Eukalyptushainen. Ganz so, als solle nichts mehr den Blick vom gelobten Ziel ablenken, sucht man wahre Highlights auf den letzten Etappen vergebens. Als interessanteste Stätten treten das Benediktinerkloster von Samos und das granitene Ortsbild von Portomarín hervor.

Die lange Reise des Jakobus

Als Erster der zwölf Apostel erlitt Jakobus, der Sohn des Zebedäus, im Jahre 44 den Märtyrertod. Im Schutze der Dunkelheit nahmen seine Jünger den Leichnam und schafften ihn heimlich zum Hafen von Jaffa. Dort bestiegen sie ein Schiff und begaben sich, ohne Mannschaft und einzig gelenkt vom Engel des Herrn, auf wundersame Fahrt. Nach sieben Tagen erreichten sie die Küste Galiciens und steuerten die römische Siedlung Iria Flavia mit ihrem Flusshafen am Río Ulla an.

Zu jener Stunde war an den Ufern ein junger Mann mit seinen Gefährten unterwegs zu seiner Braut, um nach galicischer Sitte Hochzeit zu feiern. Auf einmal scheute sein Pferd, bäumte sich auf und sprengte auf das Boot zu. Es lief mitten ins Wasser hinein. Nur mit Mühe vermochte sich der Reiter auf dem Rücken des Tieres zu halten, das bis zum Hals in den Fluten versank. Er zog die Blicke der Jünger auf sich, die ihm zuriefen und von ihrer Fracht berichteten. Sogleich bot der Mann ihnen an, den Körper den Apostels in sein Haus zu bringen. Er beruhigte sein Pferd und wendete es. Als sie dem Wasser entstiegen, trauten seine Gefährten ihren Augen nicht.

Ross und Reiter waren über und über mit *vieiras* bedeckt, den herrlichsten Jakobsmuscheln. Ein Zeichen des Apostels? Ob er ihm zu verstehen gab, sich zum Christentum zu bekehren? Wenig später ließ sich der Mann von einem der Jünger des Jakobus taufen.

Das Engelsschiff machte in Iria Flavia fest. Als man die sterbliche Hülle des Apostels von Bord nahm und auf einen großen Granitblock legte, gab der Stein auf eigenartige Weise nach und formte sich wie Wachs um den leblosen Körper.

Iria Flavia, so die Überlieferung, gehörte zu jener Zeit zum Reich der Königin Lupa, der „Wölfin“. Sie war eine böse und hinterlistige Frau. Die Jünger des Jakobus traten an sie heran und baten um ein Stück Land, um ihren Herrn würdig zu begraben.

Lupa dachte kurz nach und schickte sie in eine andere Stadt zu einem mächtigen und unbarmherzigen Mann, der sie umgehend in den Kerker warf. Der Engel des Herrn befreite sie, woraufhin sie flüchteten und von Kriegsknechten bedrängt wurden. Sie liefen über eine Brücke, die hinter ihnen einbrach und die Verfolger in den Tod riss. Da überkamen den mächtigen Mann tiefe Schuldgefühle. Er rief sie zurück und war bereit, ihnen jeden Wunsch zu erfüllen. Die Jünger des Jakobus bekehrten ihn und alle anderen Bewohner der Stadt zum Christenglauben.

Unbeirrt suchten sie danach wieder Königin Lupa auf. Sie wies ihnen einen Karren zu, damit sie diesen mit dem Leichnam des Jakobus beladen und eine Stätte für sein Grab suchen konnten. Als Zugtiere empfahl sie ihnen, Rinder von einem nahen Berg zu holen. Doch es waren keine Rinder, sondern ungezähmte Stiere. Falls sie sich überhaupt anspannen ließen, malte sich die diabolische Lupa aus, würden sie spätestens auf der Fahrt wüten und die Jünger vom Wagen werfen und töten.

Unerschrocken gingen die Jünger den Berg an, besiegten einen Feuer speienden Drachen und schlugen über den Stieren das Zeichen des Kreuzes. Wie von Wunderhand zeigten sich die wilden Kolosse besänftigt. Sie wurden handzahm, gingen ins Geschirr und zogen den Wagen mit den Jüngern und dem Leib des heiligen Apostels mitten in den Palast der Lupa. Erschreckt und von Reue ergriffen, nahm sie den Christenglauben an.

Noch immer war Jakobus nicht bestattet. Seine Jünger lenkten den Stierkarren ein Stück landeinwärts und betteten den Apostel auf einem entlegenen grünen Hügel zur letzten Ruhe. Im Laufe der Zeit legte sich Gras und Vergessenheit über die Steine. Erst Jahrhunderte später entdeckte Einsiedler Pelayo die Grabstätte des Heiligen auf geheimnisumrankte Weise wieder.

Santiago de Compostela

Riten der Pilger

Rucksäcke und Schweißgeruch. Zuckende Blitzlichter. Dauergemurmel. In Santiagos Pilgerkathedrale herrscht häufig alles andere als besinnliche Ruhe. Traditionsgemäß ist der Besuch an einige seltsame Riten geknüpft. So stößt man am Pórtico de la Gloria dreimal mit dem Kopf gegen den Stein – auf dass ein wenig Geniekraft des Meisters Mateo in einen einfließe. Auf dem Weg zum heiligen Jakobus geht man hinter dem Hauptaltar einen kleinen Treppenaufstieg an und umarmt die Apostelbüste einen kurzen Augenblick lang von hinten.

Nicht minder befremdlich mutet der Einsatz des Weihrauchwerfers (botafumeiro) an. Zu festlichen Anlässen – oder gegen finanzpotente Order – wird er per ausgeklügeltem Seilsystem von ein paar kräftigen Männern in Schwung gebracht und segelt im Querschiff über die Köpfe der staunenden Gläubigen hinweg. Nicht selten brandet danach Applaus auf in den heiligen Hallen ...

Weitere Höhepunkte der Kathedrale: die Krypta mit Blick auf den silberverkleideten Reliquienschrein des Apostels, der Kreuzgang, das Museum, der Uhr- und der Glockenturm, der pyramidenartig anmutende Schatzturm, die romanische Platerías-Fassade sowie die von Apostel- und Prophetenfiguren flankierte „Heilige Pforte" (Puerta Santa).

Geschichte und Gegenwart: Diversen Quellen zufolge spürte Pelayo das Apostelgrab dank mysteriöser „Sternenlichter" zwischen 813 und 830 auf. Man baute eine erste bescheidene Kapelle aus Stein und Lehm und Holz, gefolgt von einer Basilika, die der Klerus 899 weihte. All dies bewirkte eine stetig wachsende Siedlung, die erste Pilgerströme aufnahm und 997 von den Mauren unter Almanzor dem Erdboden gleichgemacht wurde – bis auf das Grab des Heiligen, so will es die Legende. Ende des 12. Jahrhunderts wirkte Meister Mateo am romanischen Neubau mit. Er schuf den *Pórtico de la Gloria*, jenes skulpturenreiche „Portal der Herrlichkeit", das seit dem 18. Jahrhundert durch den

Zuckende Blitzlichter, Dauergemurmel und Schweißgeruch: Anstelle von besinnlicher Ruhe herrscht in Santiagos Kathedrale Freude über die Ankunft.

himmelsstürmenden Granitvorbau der Obradoiro-Fassade geschützt wird. Davor breitet sich die *Praza do Obradoiro* aus, eines der prächtigsten Platzgevierte Europas, an das weitere wichtige Bauten stoßen: das romanische Erzbischofspalais Pazo de Xelmírez, das von den Katholischen Königen gestiftete Pilgerhospiz Hostal dos Reis Católicos (heute Luxushotel) sowie der Pazo de Raxoi aus dem 18. Jahrhundert, ein Palast mit einem gigantischen Relief des Jakobus als Maurentöter.

Rund um Santiagos Kathedrale verwinkelt sich eine geschichtsträchtige Altstadt, die auf der UNESCO-Liste des Weltkulturerbes steht. Heute zieht es in manchen Jahren bis zu zehn Millionen Besucher in die 100.000 Einwohner kleine Universitätsstadt, die sich durch das Miteinander von Studenten- und Pilgerleben quicklebendig hält.

Öffnungszeiten: Die Kathedrale von Santiago hat täglich geöffnet.

Lage und Anfahrt: Galiciens Hauptstadt Santiago de Compostela fungiert als großes Verkehrsdrehkreuz, das von Osten her die Jakobswegroute aufnimmt (Nationalstraße N-547). Wanderer und Radler erreichen den Stadtrand über den Monte do Gozo, den „Berg der Freude", der mit einem modernen Pilgerdenkmal und riesigen Wallfahrerherbergen besetzt ist.

Besondere Tipps: In der Altstadt empfiehlt sich ein Besuch des Pilgermuseums (Museo das Peregrinacións), am Südrand Santiagos liegt die romanische Stiftskirche Santa María de Sar mit ihren kurios geneigten Innensäulen.

Ans Ende der Welt

Die Spurensuche des Jakobus und der Pilger führt außerhalb Santiagos ins 20 km südwestlich gelegene Iria Flavia (heute: Padrón) sowie gen Westen zum 120 km entfernten Kap Finisterre.

Jener merkwürdige Steinblock, der sich bei der Ablage des Apostels auf wundersame Weise formte, ist unter dem Altar der Jakobuskirche von Padrón zu sehen.

Kap Finisterre, das wie eine steinerne Riesenflosse aus dem Atlantik ragt, lockte Pilger des Mittelalters magnetisch an. Wer ausreichend Kräfte verspürte, zog ein letztes Wegstück nach „finis terrae", ans „Ende der Welt". Hier fühlte man sich am Tellerrand der Erdscheibe und blickte zur versinkenden Sonne am Horizont – der Inbegriff der Wende zu neuem Leben und Anfang der Rückkehr nach Hause. Heute genießt man die prächtige Aussicht auf Klippen und wilde See vom Areal um den kleinen Leuchtturm aus.